W0352796

Basiswissen
Polizei- und Ordnungsrecht

2018

Horst Wüstenbecker
Rechtsanwalt

ALPMANN UND SCHMIDT Juristische Lehrgänge Verlagsges. mbH & Co. KG
48143 Münster, Alter Fischmarkt 8, 48001 Postfach 1169, Telefon (0251) 98109-0
AS-Online: www.alpmann-schmidt.de

Wüstenbecker, Horst
Basiswissen
Polizei- und Ordnungsrecht

2. Auflage 2018
ISBN: 978-3-86752-601-2

Verlag Alpmann und Schmidt Juristische Lehrgänge
Verlagsgesellschaft mbH & Co. KG, Münster

Unterstützen Sie uns bei der Weiterentwicklung unserer Produkte.
Wir freuen uns über Anregungen, Wünsche, Lob oder Kritik an:
feedback@alpmann-schmidt.de

1. Abschnitt: Grundlagen

A. Gefahrenabwehrrecht

Das Polizei- und Ordnungsrecht ist **Teil des Besonderen Verwaltungsrechts**. Während das **Allgemeine Verwaltungsrecht** die Regelungen trifft, die grundsätzlich für die gesamte Verwaltung maßgebend sind (insb. die Vorschriften über die Handlungsformen der Verwaltung und das Verwaltungsverfahren im VwVfG), umfasst das **Besondere Verwaltungsrecht** eine Vielzahl sachgebietsbezogener Normenkomplexe, die spezielle Voraussetzungen für die Tätigkeit der Verwaltung in bestimmten Bereichen aufstellen (z.B. das Bau-, Gewerbe- und Umweltrecht).

Polizei- und Ordnungsrecht als Gefahrenabwehrrecht

Hierbei dient das **Polizei- und Ordnungsrecht** (POR) dazu, **Gefahren für die öffentliche Sicherheit oder Ordnung** abzuwehren. Daher spricht man auch vom Sicherheits- oder **Gefahrenabwehrrecht**. Dabei werden wiederum das Allgemeine und das Besondere Ordnungsrecht unterschieden:

- Das **Besondere Ordnungsrecht** normiert die Gefahrenabwehr für bestimmte Gefahrenbereiche (z.B. Baurecht, Gewerberecht).
- Das **Allgemeine Ordnungsrecht** erfasst allgemein die (unbenannten) Gefahren für die öffentliche Sicherheit oder Ordnung.

Beispiele: Das Baurecht regelt Gefahren, die von baulichen Anlagen ausgehen, das Gewerberecht Gefahren, die sich aus einer gewerblichen Tätigkeit ergeben, z.B. aus der Unzuverlässigkeit von Gewerbetreibenden (§ 35 Abs. 1 GewO).

B. Die POR-Klausur

In der **POR-Klausur** geht es i.d.R. um die **Rechtmäßigkeit** einer polizeilichen/ordnungsbehördlichen Maßnahme (sog. **Primärebene**). Häufig sind allerdings auch die **Folgen** der Maßnahme (Schadensersatz, Kosten etc.) zu untersuchen (sog. **Sekundärebene**).

Unterscheidung zwischen Primär- und Sekundärebene

Beispiele: Rechtmäßigkeit eines Platzverweises, einer Durchsuchung oder einer Ingewahrsamnahme, Kosten einer Abschleppmaßnahme, Schadensersatz bei rechtswidriger Inanspruchnahme.

Anders als im Zivilrecht und im Strafrecht sind die meisten Klausuren im Öffentlichen Recht unmittelbar mit einer **prozessualen Fragestellung** verbunden (z.B. Hat die Klage Aussicht auf Erfolg? Wie wird das Verwaltungsgericht entscheiden?). Dies gilt im Besonderen auch im **Polizei- und Ordnungsrecht**.

Prozessuale Fragestellungen

Beispiele: Anfechtungsklage (§ 42 Abs. 1 Fall 1 VwGO) gegen eine Polizeiverfügung, Leistungsklage auf Unterlassung einer Observation, Fortsetzungsfeststellungsklage (§ 113 Abs. 1 S. 4 VwGO) gegen eine erledigte polizeiliche Maßnahme.

C. Polizeibehörden

I. Bund

Bundespolizeibehörden

Die Bundespolizei hat die im Bundespolizeigesetz (BPolG) abschließend aufgeführten Aufgaben (insb. Grenzschutz, Bahnpolizei, Schutz von Bundesorganen). **Bundespolizeibehörden** sind u.a. das Bundespolizeipräsidium und die Bundespolizeidirektionen (§ 57 BPolG).

Im weiteren Sinne gehört hierzu auch das Bundeskriminalamt (BKA), für das allerdings ein besonderes Gesetz gilt (BKAG). Ursprünglich war das BKA nur eine zentrale Einrichtung zur Zusammenarbeit des Bundes und der Länder in kriminalpolizeilichen Angelegenheiten. Heute hat das BKA auch die Aufgabe, Gefahren des internationalen Terrorismus abzuwehren.

II. Länder

Ordnungsbehörden und Vollzugspolizei

In den Ländern werden die Aufgaben der Gefahrenabwehr nicht nur von der (Vollzugs-)**Polizei**, sondern auch von **Verwaltungsbehörden** wahrgenommen (z.B. Baubehörde, Umweltbehörde etc.). Die organisatorische Ausgestaltung in den Ländern ist unterschiedlich:

Bayern, Berlin, Brandenburg, Hamburg, Hessen, M-V, Niedersachsen, NRW, Rheinland-Pfalz, Sachsen-Anhalt, Schleswig-Holstein, Thüringen

- In den meisten Ländern gilt das **Trennungsprinzip**: Zuständig für die Gefahrenabwehr sind zwei verschiedene Behördentypen, nämlich die **Ordnungsbehörden** (Sicherheitsbehörden) und die **Polizeibehörden** (Vollzugspolizei). Primär zuständig für die Gefahrenabwehr sind die Ordnungsbehörden, die Polizeibehörden nur im Eilfall.

BW, Bremen, Saarland, Sachsen

- In einigen Ländern gilt das **Einheitsprinzip**: Die Aufgaben der Gefahrenabwehr obliegen der Polizei, die in Polizeiverwaltungsbehörden und Polizeivollzugsbehörden aufgegliedert ist.

Der Unterschied in der Praxis ist gering. Denn auch beim Einheitsprinzip sind grundsätzlich die Polizeiverwaltungsbehörden für die Gefahrenabwehr zuständig, während der Polizeivollzugsdienst i.d.R. nur im Eilfall tätig wird.

Allgemeine Polizei-/Ordnungsbehörden sind die Behörden, die allgemein für Aufgaben der Gefahrenabwehr zuständig sind. **Sonderordnungsbehörden** sind die Behörden, die auf einen Teilbereich der Gefahrenabwehr beschränkt sind.

Beispiele: Sonderordnungsbehörden sind z.B. die Straßenverkehrsbehörden und die Baubehörden.

Repressive Tätigkeit der Polizei nach §§ 163 ff. StPO

In allen Ländern sind den **Polizeibehörden** neben der Gefahrenabwehr auch **andere Aufgaben** zugewiesen (z.B. der Polizei die Aufgaben der Ermittlungsbehörde nach § 163 StPO, vgl. auch § 12 BPolG). Man unterscheidet daher die **präventive** Tätigkeit der Polizei (Gefahrenabwehr) und die **repressive** Tätigkeit (Strafverfolgung).

Strafverfolgungsmaßnahmen der Polizei unterliegen eigenen Regeln. Maßgebend sind die Vorschriften der StPO. Außerdem gelten für Justizverwaltungsmaßnahmen besondere Prozessvorschriften (§§ 23 ff. EGGVG).

D. Rechtsgrundlagen

I. Bundesrecht

Gefahrenabwehrrecht des Bundes

Gemäß Art. 30, 70 GG ist Polizei- und Ordnungsrecht primär Landesrecht. Dem **Bund** sind nur in einigen wenigen Bereichen Kompetenzen zugewiesen.

Art. 73 Abs. 1 Nr. 9a u. 10, Art. 87 Abs. 1 S. 2 GG

- Das gilt zum einen dort, wo der Bund **eigene Polizeibehörden** unterhält (z.B. das BPolG für die Bundespolizei und das BKAG für das Bundeskriminalamt).

Vgl. z.B. Art. 73 Abs. 1 Nr. 12, Art. 74 Abs. 1 Nr. 4, 11, 18, 20, 22, 24 GG

- Zum anderen sind weite Teile des **Besonderen Ordnungsrechts** in Bundesgesetzen geregelt (Art. 73, 74 GG), werden aber von den Ländern als eigene Angelegenheit ausgeführt (Art. 83, 84 GG).

  Beispiele: Baurecht (BauGB), Gewerberecht (GewO), Waffenrecht (WaffG), Straßenverkehrsrecht (StVG, StVO u.a.), Ausländerrecht (AufenthG, AsylG), Umweltrecht (BImSchG, KrWG, AtomG u.a.).

  Soweit der Bund für bestimmte Sachgebiete zuständig ist, umfasst dies als **Annexkompetenz** auch die Gefahrenabwehr (z.B. im Gewerberecht nach Art. 74 Abs. 1 Nr. 11 GG „Recht der Wirtschaft").

II. Landesrecht

Gefahrenabwehrrecht der Länder

1. Soweit die Länder gesetzgebungsbefugt sind (Art. 70, 72 GG), haben sie für bestimmte Sachgebiete **Spezialgesetze** zur Gefahrenabwehr erlassen (Sonderordnungsrecht).

Beispiele: Landesbauordnung (LBauO), Landeswassergesetz (LWG), Landesimmissionsschutzgesetz (LImSchG) u.a.

2. Die Gesetzgebungskompetenz für das **allgemeine Polizei- und Ordnungsrecht** steht generell den Ländern zu (Art. 70 GG). Auf dieser Grundlage haben alle Länder (allgemeine) Polizeigesetze erlassen.

- Die meisten Länder haben unabhängig davon, ob die Behörden nach dem Trennungs- oder Einheitsprinzip organisiert sind **einheitliche Gesetze** für Polizei- und Ordnungsbehörden geschaffen.

  PolG BW, ASOG Bln, BremPolG, HbgSOG, HSOG, NdsSOG, SOG M-V, POG RP, SOG LSA, SPolG, SächsPolG, §§ 162 ff. LVwG SH.

- Einige Länder haben **unterschiedliche Gesetze** einerseits für die Ordnungs-/Sicherheitsbehörden andererseits für die Polizei.

  Bay: LStVG – PAG, Bbg: OBG – PolG, NRW: OBG – PolG, Thür: OBG – PAG.

Trotz Unterschieden im Einzelnen stimmen die Regelungen weitgehend überein und werden nachfolgend in den Grundzügen dargestellt. Das Skript ist so konzipiert, dass es trotz der unterschiedlichen Landesgesetze **bundesweit nutzbar** ist. Soweit es auf die jeweiligen landesrechtlichen Regelungen ankommt, sind die einschlägigen Vorschriften in einer **Normenleiste** nachgewiesen.

Bund	BW	Bay	Bln	Bbg	Brem	Hbg	Hess	M-V	Nds

NRW	RP	Saar	Sachs	LSA	SH	Thür

Außerdem findet sich im Anhang eine **Synopse**, in der die für Ausbildung und Examen wichtigsten Vorschriften aller Landesgesetze nebeneinander aufgeführt sind (s.u. S. 135).

2. Abschnitt: Polizeiliche Maßnahmen

Die **Rechtmäßigkeit** einer polizeilichen Maßnahme richtet sich nach ihrer Rechtsnatur.

Beispiele: Beim Erlass eines Verwaltungsaktes sind die Vorschriften des VwVfG zu beachten (§ 9 VwVfG), z.B. die Anhörung nach § 28 VwVfG und die Begründung nach § 39 VwVfG. Rechtsverordnungen können nur aufgrund einer gesetzlichen Ermächtigungsgrundlage erlassen werden, in der Inhalt, Zweck und Ausmaß der erteilten Ermächtigung bestimmt werden (vgl. Art. 80 Abs. 1 S. 2 GG und entsprechende LVerf). Für schlichtes Verwaltungshandeln (Realakte) bestehen zumeist keine ausdrücklichen Regelungen.

Auch die **Rechtsschutzmöglichkeiten** des Bürgers sind unterschiedlich je nach der Rechtsnatur der angegriffenen Maßnahme.

Beispiele: Gegen Verwaltungsakte können (vorbehaltlich gesetzlicher Ausnahmen) Widerspruch (§ 68 Abs. 1 VwGO) und Anfechtungsklage (§ 42 Abs. 1 Fall 1 VwGO) erhoben werden. Bei schlichtem Verwaltungshandeln ist dagegen die allgemeine Leistungsklage statthaft. Bei erledigten Verwaltungsakten kommt die Fortsetzungsfeststellungsklage (§ 113 Abs. 1 S. 4 VwGO), bei erledigten Realakten die allgemeine Feststellungsklage (§ 43 Abs. 1 VwGO) in Betracht.

Gefahrenabwehrmaßnahmen

Gefahrenabwehrmaßnahmen sind vor allem:

- **Polizei-/Ordnungsverfügungen**
- **Gefahrenabwehrverordnungen**
- **belastende Realakte**
- **sonstige Realakte**

A. Polizei-/Ordnungsverfügung

I. Begriff

Polizei-/Ordnungsverfügung als Verwaltungsakt

Wichtigste Handlungsform der Polizei- und Ordnungsbehörden ist die Polizei-/Ordnungsverfügung. Als Maßnahme einer Behörde auf dem Gebiet des öffentlichen Rechts zur Regelung eines Einzelfalls mit Außenwirkung handelt es sich um einen **Verwaltungsakt** i.S.d. § 35 S. 1 VwVfG.

Beispiele: Aufenthaltsverbot für Fußballfans, Beseitigung eines Schwarzbaus, Untersagung einer unerlaubten Sondernutzung (§ 8 Abs. 7 a S. 1 FStrG), Sanierungsanordnung bei Altlasten (§ 10 Abs. 1 BBodSchG) sowie Verbot einer Versammlung (§ 15 Abs. 1 VersG) als Allgemeinverfügung i.S.d. § 35 S. 2 VwVfG.

Entscheidendes Merkmal für die Annahme eines Verwaltungsakts in Abgrenzung zu Realakten als schlichtem Verwaltungshandeln ist die **„Regelung"**: Ein Verwaltungsakt liegt nur vor, wenn die Maßnahme **unmittelbar auf die Herbeiführung einer Rechtsfolge gerichtet** ist.

Im Polizei- und Ordnungsrecht sind dies üblicherweise Verfügungen auf Vornahme einer Handlung oder auf Duldung oder Unterlassung (sog. HDU-Verfügung), vgl. § 6 Abs. 1 VwVG und entsprechendes Landesrecht, s.u. S. 107.

Kein Verwaltungsakt ist daher der bloße **Hinweis** auf die ohnehin bestehende Rechtslage, soweit keine selbstständigen Rechtsfolgen begründet werden.

Beispiel: Hinweis eines Polizeibeamten auf ein durch Verkehrszeichen angeordnetes Halteverbot. Verwaltungsakt ist hier nur das Verkehrszeichen selbst als Allgemeinverfügung (§ 35 S. 2 Fall 3 VwVfG).

Faktische Beeinträchtigungen durch Realakte

Keine Verwaltungsakte sind zudem alle Maßnahmen, mit denen Rechtsfolgen **nicht bezweckt** werden. Bloß **faktische** Beeinträchtigungen reichen für die Annahme eines Verwaltungsakts nicht aus. Eine Regelung i.S.d. § 35 S. 1 VwVfG liegt nur vor, wenn die Maßnahme **final** auf die Rechtsfolge „gerichtet" ist.

Beispiel: Fertigen Polizeibeamte Videoaufnahmen von Versammlungsteilnehmern und werden diese Aufnahmen dauerhaft gespeichert, liegt darin zweifellos ein Eingriff in die Rechte der Betroffenen, jedoch wird die Videoaufnahme dadurch nicht zu einem Verwaltungsakt.

Ausnahmsweise kann in einem schlichten Verwaltungshandeln zugleich eine **konkludente Regelung** liegen. So enthalten z.B. zahlreiche polizeiliche **Standardmaßnahmen** unmittelbare Verhaltensgebote und damit Regelungen, sodass sie Verwaltungsakte darstellen.

Beispiele: Der Platzverweis (§ 38 BPolG) begründet das Gebot, sich vorübergehend von einem Ort zu entfernen bzw. das Verbot, den Ort vorübergehend zu betreten. Die Sicherstellung (§ 47 BPolG) beinhaltet nach h.M. das Gebot, die Sache herauszugeben (s.u. S. 90).

Regelnde Entscheidungen vor Vornahme eines Realakts

Andere Maßnahmen beinhalten dagegen in erster Linie eine **reale Eigenhandlung** der Behörde (z.B. die Durchsuchung einer Person oder einer Wohnung). Auch die Anwendung von Zwangsmitteln erfolgt i.d.R. durch Realakt. Verwaltungsakte liegen hier allerdings vor, wenn zuvor eine **regelnde Entscheidung** ergeht (z.B. eine Durchsuchungsanordnung oder die Androhung des Zwangsmittels). Im Übrigen stellt die Rspr. zum Teil darauf ab, dass in der realen Durchführung der Maßnahme zugleich die Pflicht zur Duldung gerade des angewendeten Zwangs konkretisiert werde. Dieses **(konkludente) Duldungsgebot** stelle einen Verwaltungsakt dar.

Konkludenter Duldungs-VA

Beispiele: Auflösung einer Versammlung durch Wegtragen der Demonstrationsteilnehmer, Anwendung unmittelbaren Zwangs durch den Einsatz von Wasserwerfern, Betreten einer Wohnung zum Zwecke der Durchsuchung.

Rechtsschutz wird nach dieser Auffassung durch Widerspruch und Anfechtungsklage gewährt. Soweit sich der DuldungsVA vorher erledigt hat, kommt eine Fortsetzungsfeststellungsklage (§ 113 Abs. 1 S. 4 VwGO) in Betracht.

Rechtsschutz gegen schlichtes Verwaltungshandeln

Die Gegenansicht verweist zutreffend darauf, dass es einer solchen Konstruktion nicht bedarf, da die VwGO Rechtsschutzmöglichkeiten auch **gegen schlichtes Verwaltungshandeln** bietet (z.B. durch allgemeine Leistungsklage oder allgemeine Feststellungsklage, § 43 Abs. 1 VwGO). Wenn die Polizei eine Versammlung unter Zwangseinsatz auflöst, dann regelt sie nichts, sondern wendet physische Gewalt an. Es handelt sich daher um bloße **Realakte**.

Die Rspr. ist vor allem historisch begründet. Vor Inkrafttreten der VwGO (1960) wurde Verwaltungsrechtsschutz i.d.R. nur bei Verwaltungsakten gewährt. Deswegen war die Rspr. bemüht, in schlichtes Verwaltungshandeln einen Verwaltungsakt hinein zu interpretieren, um den Rechtsweg zu eröffnen (in diesem Sinne auch § 18 Abs. 2 VwVG). Für eine solche extensive Handhabung besteht seit Inkrafttreten der VwGO kein Bedürfnis mehr.

II. Rechtsschutz

Rechtsschutz durch Widerspruch, Anfechtungsklage, ggf. Fortsetzungsfeststellungsklage

Prozessual können Polizei-/Ordnungsverfügungen mit **Widerspruch** (vorbehaltlich landesrechtlicher Ausnahmen nach § 68 Abs. 1 S. 2 Hs. 1 VwGO, z.B. in Bay, NRW und Nds) und **Anfechtungsklage** (§ 42 Abs. 1 Fall 1 VwGO) angefochten werden. Hat sich der Verwaltungsakt vor Erlass des Urteils erledigt, kommt eine **Fortsetzungsfeststellungsklage** (§ 113 Abs. 1 S. 4 VwGO) in Betracht.

§ 113 Abs. 1 S. 4 VwGO gilt nach h.M. analog auch bei Erledigung vor Klageerhebung. Das erforderliche besondere Feststellungsinteresse ergibt sich bei polizeilichen Maßnahmen i.d.R. aufgrund eines Rehabilitationsbedürfnisses oder wegen einer nachhaltigen Grundrechtsbetroffenheit, ggf. auch aufgrund einer Wiederholungsgefahr.

B. Gefahrenabwehrverordnungen

I. Begriff

Eine Reihe von Spezialgesetzen und die allgemeinen Ordnungsgesetze enthalten Ermächtigungen für die Verwaltung zum Erlass von **Rechtsverordnungen** zur Gefahrenabwehr (sog. polizei-/ordnungsbehördliche Verordnung, auch Gefahrenabwehrverordnung).

–	10 ff. PolG	16 ff. LStVG	55 ff. ASOG	24 ff. OBG	48 ff. PolG	1, 2 SOG	71 ff. SOG	17 ff. SOG	54 ff. SOG

25 ff. OBG	43 ff. POG	59 ff. PolG	9 ff. PolG	93 ff. SOG	175, 335 LVwG	27 ff. OBG

Mit einer Gefahrenabwehrverordnung kann die Behörde einen typischerweise gefährlichen Sachverhalt nicht nur im Einzelfall, sondern **abstrakt-generell** für eine Vielzahl von Fällen regeln.

- Polizei-/Ordnungsverfügung zur Abwehr einer **konkreten** Gefahr
- Gefahrenabwehrverordnung zur Abwehr einer **abstrakten** Gefahr

Beispiel: Aufrechterhaltung der öffentlichen Sicherheit auf Straßen und in öffentlichen Anlagen, z.B. Verbot von Alkoholkonsum, ein Taubenfütterungsverbot oder ein Flugverbot für Himmelslaternen (BVerwG RÜ 2018, 119).

Als **untergesetzliche Rechtsnormen** der Verwaltung (Exekutive) stehen Gefahrenabwehrverordnungen in der **Normenhierarchie** wie Satzungen im Rang unter den formellen Gesetzen (Parlamentsgesetzen). Die Rechtsverordnung **unterscheidet** sich von der **Satzung** dadurch, dass es sich beim Erlass einer Rechtsverordnung um Rechtsetzung durch die Verwaltung handelt, deren Befugnisse vom Parlamentsgesetzgeber **abgeleitet** werden. Deshalb müssen Rechts-VO-Ermächtigungen nach Inhalt, Zweck und Ausmaß bestimmt sein (Art. 80 Abs. 1 S. 2 GG bzw. LVerf). **Satzungen** beruhen dagegen auf einer **eigenen Rechtsetzungsgewalt** (Satzungshoheit) von Selbstverwaltungskörperschaften (z.B. Gemeinden und Gemeindeverbände) und sind inhaltlich offen.

- **Rechtsverordnungen** als abgeleitete Rechtsetzungsbefugnis
- **Satzungen** aufgrund eigener Rechtsetzungsgewalt

Satzungen sind z.B. Bebauungspläne (§ 10 BauGB), Benutzungssatzungen bei öffentlichen Einrichtungen, Beitrags- und Gebührensatzungen der Kommune nach dem Kommunalabgabengesetz (KAG).

II. Rechtsschutz

Rechtsschutz durch Normenkontrolle oder allgemeine Feststellungsklage

In den meisten Ländern (außer Bln, Hbg, NRW) können Rechtsverordnungen nach § 47 Abs. 1 Nr. 2 VwGO unmittelbar mit der **Normenkontrolle** vor dem OVG/VGH angegriffen werden. Die VO kann aber auch inzident im Rahmen einer **Anfechtungsklage** (§ 42 Abs. 1

Fall 1 VwGO) gegen eine Polizei-/Ordnungsverfügung überprüft werden, die auf Grundlage der Verordnung erlassen wurde. Auch kommt eine allgemeine **Feststellungsklage** (§ 43 Abs. 1 VwGO) in Betracht, wenn die Verordnung ein konkretes Rechtsverhältnis begründet (s.u. S. 102).

Beispiel: Wird aufgrund einer VO ein Verbot im Einzelfall ausgesprochen, kann dagegen Anfechtungsklage erhoben werden. Das Verbot ist nur rechtmäßig, wenn die Ermächtigungsgrundlage in der VO wirksam ist (s.u. S. 94).

C. Belastende Realakte

I. Rechtmäßigkeit von Realakten

Auch wenn kein Verwaltungsakt i.S.d. § 35 VwVfG vorliegt, können Maßnahmen der Polizei- und Ordnungsbehörden Rechte des Bürgers (faktisch) beeinträchtigen.

Beispiele: Observation eines Verdächtigen, staatliche Warnungen.

Rechtmäßigkeitsanforderungen an Realakte abhängig vom Vorliegen eines Grundrechtseingriffs

Sind mit diesen Maßnahmen Eingriffe in (Grund-)Rechte des Bürgers verbunden, muss auch für schlichtes Verwaltungshandeln nach dem Grundsatz vom Vorbehalt des Gesetzes eine **gesetzliche Ermächtigungsgrundlage** vorhanden sein und es müssen die **besonderen und allgemeinen Eingriffsvoraussetzungen** erfüllt sein. Bedeutung hat dies vor allem für Maßnahmen, die keine finalen Rechtsfolgen bewirken.

Faktische Grundrechtsbeeinträchtigung nach Intensität und Intention

Umstritten ist allerdings, wann in diesen Fällen ein **Grundrechtseingriff** vorliegt. Überwiegend wird auf Art und Inhalt der Maßnahme abgestellt (Intensität), teilweise auch darauf, ob die Beeinträchtigung von der Behörde beabsichtigt, vorhergesehen oder in Kauf genommen worden ist (Intention).

Warnungen stellen grds. einen Grundrechtseingriff dar, weil sie notwendigerweise individuelle Personen, Produkte oder Verhaltensweisen als gefährlich „brandmarken". Bei **Empfehlungen** liegt ein Eingriff nur vor, wenn sie sich auf konkrete Produkte oder individualisierbare Personen beziehen („Prangerwirkung"). Demgegenüber sind bloße **Hinweise** nur Teil der allgemeinen Aufklärungstätigkeit des Staates und stellen i.d.R. keinen Grundrechtseingriff dar.

II. Abwehr von Realakten

1. Rechtsschutz gegen Realakte

Rechtsschutz durch allgemeine Leistungsklage, ggf. allgemeine Feststellungsklage

Realakte können als schlichtes Verwaltungshandeln nicht mit der Anfechtungsklage angegriffen werden. In Betracht kommt vielmehr die **allgemeine Leistungsklage**, die in der VwGO zwar nicht ausdrücklich geregelt, aber vorausgesetzt wird (vgl. z.B. §§ 43 Abs. 2 S. 1, 111 S. 1 VwGO) und gewohnheitsrechtlich anerkannt ist.

Beispiel: Leistungsklage auf Unterlassung einer Observation (VGH BW RÜ 2011, 324, 325) oder auf Unterlassung staatlicher Warnungen (OVG NRW RÜ 2012, 525, 526).

Bei **erledigten Maßnahmen** kommt die **allgemeine Feststellungsklage** (§ 43 Abs. 1 VwGO) in Betracht, nicht die Fortsetzungsfeststellungsklage (§ 113 Abs. 1 S. 4 VwGO), da diese einen erledigten Verwaltungsakt voraussetzt. !

Beispiel: Klage auf Feststellung der Rechtswidrigkeit einer Gefährderansprache (OVG NRW RÜ 2016, 733, 735) oder einer Äußerung (BVerwG RÜ 2018, 114).

2. Abwehransprüche

Materiell bestehen für die Abwehr rechtswidriger Realakte teilweise **Spezialregelungen**.

Beispiel: Anspruch auf Löschung bei unzulässiger Speicherung von Daten oder nach Ablauf bestimmter Fristen (§ 35 BPolG).

ör Abwehr- und Unterlassungsanspruch und allgemeiner Folgenbeseitigungsanspruch

Bestehen keine Spezialregelungen, so kommen als **Anspruchsgrundlage** in Betracht:

- der allgemeine **öffentlich-rechtliche Abwehr- und Unterlassungsanspruch**, wenn ein **rechtswidriger Eingriff** abgewehrt werden soll oder
- der **allgemeine Folgenbeseitigungsanspruch** (FBA), wenn die **rechtswidrigen Folgen** einer Verwaltungsmaßnahme beseitigt werden sollen.

Beispiele: Unterlassungsanspruch gegen eine polizeiliche Observation, Folgenbeseitigung bei Sicherstellung von Gegenständen (vgl. § 50 BPolG).

Diese meist gesetzlich nicht geregelten Ansprüche werden überwiegend unmittelbar aus der Abwehrfunktion der Grundrechte hergeleitet. Andere greifen auf den Rechtsgedanken des § 1004 BGB zurück. Jedenfalls sind der FBA und der Abwehr- und Unterlassungsanspruch heute **gewohnheitsrechtlich anerkannt**.

D. Sonstige Realakte

Eingriffsfreie Realakte aufgrund der allgemeinen Aufgabenzuweisung

Sonstige Realakte, die **nicht mit einem Eingriff** in (Grund-)Rechte des Bürgers verbunden sind (sog. eingriffsfreie Realakte), unterliegen nur geringen gesetzlichen Vorgaben. Voraussetzung ist die **Zuständigkeit** der Polizei-/Ordnungsbehörde. Außerdem darf nicht gegen sonstige Gesetze verstoßen werden.

Beispiele sind vor allem die allgemeine Streifentätigkeit der Polizei und allgemeine Auskünfte und Hinweise. Ist mit einer Gefährderansprache kein Grundrechtseingriff verbunden, ist es ausreichend, dass sie durch die allgemeine polizeiliche Aufgabenzuweisung gedeckt ist (OVG NRW RÜ 2016, 733, 736).

1. Welchem Zweck dient das Polizei- und Ordnungsrecht?

1. Das Polizei- und Ordnungsrecht dient dazu, Gefahren für die öffentliche Sicherheit oder Ordnung abzuwehren. Daher spricht man auch vom Sicherheits- oder Gefahrenabwehrrecht.

2. Welche Bundespolizeibehörden gibt es?

2. Bundespolizeibehörden sind vor allem das Bundespolizeipräsidium und die Bundespolizeidirektionen (§ 57 BPolG), im weiteren Sinne auch das Bundeskriminalamt (BKA).

3. Welche beiden Modelle der Polizei-/Ordnungsverwaltung bestehen in den Ländern?

3. Die meisten Länder haben ein Trennungssystem, in dem Ordnungsbehörden und die Vollzugspolizei organisatorisch strikt getrennt sind. In einigen Ländern gilt das Einheitsprinzip, wonach die Polizei lediglich intern in Polizeiverwaltungsbehörden und Polizeivollzugsbehörden aufgegliedert ist.

4. Welches sind die wichtigsten gesetzlichen Grundlagen im Polizei-/Ordnungsrecht?

4. Für die Bundespolizeibehörden gilt das BPolG. Das Sonderordnungsrecht ist teils bundesgesetzlich, teils landesrechtlich geregelt. Außerdem haben alle Länder ein allgemeines PolG bzw. SOG, teilweise auch ein besonderes OBG.

5. Nennen Sie die wichtigsten Gefahrenabwehrmaßnahmen!

5. Gefahrenabwehrmaßnahmen sind vor allem:

- Polizei-/Ordnungsverfügungen
- Gefahrenabwehrverordnungen
- belastende Realakte
- sonstige (eingriffsfreie) Realakte

6. Worin unterscheiden sich Polizei-/Ordnungsverfügungen von Realakten?

6. Eine Polizei-/Ordnungsverfügung als Verwaltungsakt liegt nur vor, wenn die Maßnahme eine Regelung i.S.d. § 35 S. 1 VwVfG beinhaltet, also unmittelbar auf die Herbeiführung einer Rechtsfolge gerichtet ist (final). Fehlt es daran, z.B. bei einer bloß faktischen Beeinträchtigung, liegt ein sog. Realakt vor.

7. Was ist der Unterschied zwischen einer Gefahrenabwehrverordnung und einer Satzung?

7. Satzungen beruhen auf einer eigenen Rechtsetzungsgewalt von Selbstverwaltungskörperschaften (z.B. Gemeinden), während die Befugnis zum Erlass einer RechtsVO vom Parlamentsgesetzgeber abgeleitet ist.

8. Wann bedürfen Realakte einer gesetzlichen Ermächtigungsgrundlage (Befugnisnorm)?

8. Eine Ermächtigungsgrundlage ist jedenfalls erforderlich, wenn ein Grundrechtseingriff vorliegt, außerdem bei sonstigen wesentlichen Maßnahmen.

3. Abschnitt: Die Polizei-/Ordnungsverfügung

A. Grundlagen

I. Begriff

Polizei-/Ordnungsverfügung als Verwaltungsakt

Eine Polizei-/Ordnungsverfügung ist eine Maßnahme der Polizei-/Ordnungsbehörde, die diese zum Zwecke der Abwehr einer Gefahr für die öffentliche Sicherheit oder Ordnung im Einzelfall mit Außenwirkung erlässt und die als Regelung ein Gebot oder Verbot enthält. Sie ist **Verwaltungsakt** i.S.d. § 35 S. 1 VwVfG, ggf. bei mehreren Adressaten **Allgemeinverfügung** i.S.d. § 35 S. 2 VwVfG.

II. Grundschema

Wie jeder Verwaltungsakt ist die Polizei-/Ordnungsverfügung nur **rechtmäßig**, wenn

- sie auf einer wirksamen **Ermächtigungsgrundlage** beruht,
- die Zuständigkeits-, Verfahrens- und Formvorschriften eingehalten sind **(formelle Rechtmäßigkeit)** und
- die Verfügung sachlich mit dem geltenden Recht im Einklang steht **(materielle Rechtmäßigkeit)**.

Grundschema: Polizei-/Ordnungsverfügung
I. Ermächtigungsgrundlage
II. Formelle Rechtmäßigkeit
1. Zuständigkeit
2. Verfahren
3. Form
III. Materielle Rechtmäßigkeit
1. Voraussetzungen der Ermächtigungsgrundlage
2. Richtiger Adressat
3. Allgemeine Rechtmäßigkeitsanforderungen
4. Rechtsfolge

!

Hinweis: *Die Begriffe Polizeiverfügung und Ordnungsverfügung werden im Folgenden – soweit nicht anders vermerkt – synonym verwendet. Bei den landesrechtlichen Vorschriften sind vorrangig die Landespolizeigesetze angeführt. Die zumeist sachlich identischen Ordnungsbehördengesetze (in Bbg, NRW und Thür) werden vor allem bei abweichenden Regelungen zitiert.*

1. Ermächtigungsgrundlage

Ermächtigungsgrundlage (Befugnisnorm)

Als belastender Verwaltungsakt bedarf die Polizei-/Ordnungsverfügung nach dem Grundsatz vom Vorbehalt des Gesetzes (Art. 20 Abs. 3 GG) einer **Ermächtigungsgrundlage** (Befugnisnorm, Rechtsgrundlage).

!

Klausurhinweis: *Die einschlägige Ermächtigungsgrundlage ist als grundlegende Rechtmäßigkeitsvoraussetzung in der Klausur* ***stets vorab*** *zu benennen, da sich hieraus je nach dem betroffenen Rechtsgebiet spezielle formelle und materielle Voraussetzungen ergeben können. Ob die Voraussetzungen der Ermächtigungsgrundlage tatsächlich erfüllt sind (z.B. eine Gefahr für die öffentliche Sicherheit vorliegt), ist dagegen eine Frage der materiellen Rechtmäßigkeit.*

- Vorrangig sind hierbei etwaige **Spezialgesetze** oder **Standardermächtigungen**.

  Spezialgesetzliche Ermächtigungsgrundlagen finden sich z.B. in § 20 BImSchG für die Untersagung, Stilllegung und Beseitigung genehmigungsbedürftiger Anlagen und in § 62 KrWG für abfallbezogene Anordnungen. Ermächtigungen für sog. Standardmaßnahmen (Standardermächtigungen) finden sich zumeist in den Polizeigesetzen (z.B. §§ 21 ff. PolG)

- Subsidiär ist auf die polizei-/ordnungsrechtliche **Generalklausel** abzustellen.

14 I BPolG	1, 3 PolG	11 I PAG	17 I ASOG	10 I PolG	13 I OBG	10 I 1 PolG	3 I SOG	11 SOG	13 SOG
11 SOG	8 I PolG	14 I OBG	9 I POG	8 I PolG	3 I PolG	13 SOG	174, 176 LVwG	12 I PAG	5 I OBG

2. Formelle Rechtmäßigkeit

Formell rechtmäßig ist die Polizei-/Ordnungsverfügung, wenn sie

- von der **zuständigen Behörde**
- in einem **ordnungsgemäßen Verfahren**
- **formgerecht** erlassen wurde.

a) Zuständigkeit

Die Polizei-/Ordnungsverfügung ist nur rechtmäßig, wenn die erlassende Behörde **zuständig** ist. Der Erlass der Verfügung muss also in den Aufgabenbereich der handelnden Behörde fallen (näher unten S. 23 ff.).

b) Verfahren

Weiterhin gehört zur formellen Rechtmäßigkeit die Einhaltung von **Verfahrensvorschriften**, die sich vor allem aus dem VwVfG ergeben (z.B. Anhörung nach § 28 Abs. 1 VwVfG mit Ausnahmen in Abs. 2 u. 3), näher unten S. 26 ff.

c) Form

Polizei-/Ordnungsverfügungen können grds. **formfrei**, d.h. schriftlich, elektronisch, mündlich oder in anderer Weise (auch konkludent) erlassen werden (§ 37 Abs. 2 S. 1 VwVfG). Gegebenenfalls sind allerdings **besondere Formvorschriften** einzuhalten.

Beispiel: Schriftform bei Ordnungsverfügungen nach § 19 Abs. 1 BbgOBG, § 20 Abs. 1 OBG NRW mit Ausnahmen bei Gefahr im Verzug.

Eine **mündliche Verfügung** ist schriftlich oder elektronisch **zu bestätigen**, wenn hieran ein berechtigtes Interesse besteht und der Betroffene dies unverzüglich verlangt (§ 37 Abs. 2 S. 2 VwVfG).

Ein **schriftlicher** oder elektronischer oder ein schriftlich oder elektronisch bestätigter Verwaltungsakt ist nach § 39 Abs. 1 VwVfG grds. mit einer **Begründung** zu versehen. In der Begründung sind die wesentlichen tatsächlichen und rechtlichen Gründe mitzuteilen, die die Behörde zu ihrer Entscheidung bewogen haben (§ 39 Abs. 1 S. 2 VwVfG). Ausnahmen regelt § 39 Abs. 2 VwVfG.

3. Materielle Rechtmäßigkeit

Materiell rechtmäßig ist die Polizei-/Ordnungsverfügung, wenn

- die **tatbestandlichen Voraussetzungen** der Ermächtigungsgrundlage vorliegen,
- die Verfügung an den **richtigen Adressat** gerichtet ist,
- die **allgemeinen Anforderungen** an die Rechtmäßigkeit eines Verwaltungsakts erfüllt sind und
- die Behörde die **richtige Rechtsfolge** gewählt hat.

a) Voraussetzungen der Ermächtigungsgrundlage

In materieller Hinsicht müssen zunächst die **Voraussetzungen der Ermächtigungsgrundlage** erfüllt sein. Die Prüfung erfolgt wie bei der Anspruchsgrundlage im Zivilrecht. Man subsumiert den konkreten Klausursachverhalt unter die Voraussetzungen der Rechtsnorm (aufgeschlüsselt nach Definition und Subsumtion).

Beispiel: Bei Maßnahmen aufgrund der Generalklausel wird geprüft, ob die Angaben im Sachverhalt eine Gefahr für die öffentliche Sicherheit oder Ordnung begründen. Ausgehend von einer Definition der einzelnen Merkmale (z.B. öffentliche Sicherheit und Gefahr) wird im Wege der Einzelsubsumtion festgestellt, ob die Voraussetzungen im konkreten Fall vorliegen.

Beispiel (Einschreiten der Bundespolizei bei drohenden Gewalttätigkeiten):

„Nach § 14 Abs. 1 BPolG kann die Bundespolizei zur Erfüllung ihrer Aufgaben die notwendigen Maßnahmen treffen, um eine Gefahr abzuwehren, soweit nicht das BPolG die Befugnisse der Bundespolizei besonders regelt. Gefahr ist eine im Einzelfall bestehende Gefahr für die öffentliche Sicherheit oder Ordnung (§ 14 Abs. 2 S. 1 BPolG). Schutzgüter der öffentlichen Sicherheit sind u.a. die Individualrechtsgüter des Einzelnen, hier die körperliche Unversehrtheit Dritter. Eine Gefahr im polizeirechtlichen Sinne liegt vor, wenn die hinreichende Wahrscheinlichkeit des Eintritts eines nicht unerheblichen Schadens für ein polizeiliches Schutzgut in absehbarer Zeit besteht. Aufgrund der Umstände des Einzelfalls (…) bestand die hinreichende Wahrscheinlichkeit von Gewalttätigkeiten, sodass eine im konkreten Fall bestehende Gefahr für die öffentliche Sicherheit vorlag. …"

Prüfungsreihenfolge:

1. Schutzgut betroffen

2. Gefahr

!

Hinweis: *In der Klausur sollten Sie das Schutzgut stets vor der Gefahr prüfen. Denn diese lässt sich nur in Bezug auf einen drohenden Schaden für ein konkretes Schutzgut ermitteln.*

b) Richtiger Adressat

Maßnahmen der Polizei- und Ordnungsbehörden dürfen grundsätzlich nur gegen die **Personen** gerichtet werden, die für die Gefahr **verantwortlich** sind (sog. Störer). Verantwortlich ist,

- wer die Gefahr durch sein Verhalten verursacht (z.B. § 17 BPolG), sog. **Verhaltensstörer**
- oder der Eigentümer und/oder der Inhaber der tatsächlichen Gewalt, wenn die Gefahr vom Zustand einer Sache oder einem Tier ausgeht (z.B. § 18 BPolG), sog. **Zustandsstörer**.

Unter bestimmten (engen) Voraussetzungen können ausnahmsweise auch Personen in Anspruch genommen werden, die **nicht Störer** sind (z.B. § 20 BPolG), sog. polizeilicher Notstand (s.u. S. 43).

c) Allgemeine Rechtmäßigkeitsanforderungen

Bei Erlass einer Polizei-/Ordnungsverfügung müssen des Weiteren gewisse **allgemeine Anforderungen** beachtet werden, die für jeden Verwaltungsakt gelten.

- Polizei-/Ordnungsverfügungen müssen hinreichend **bestimmt** sein, d.h. für den Adressaten muss klar sein, was von ihm verlangt wird (§ 37 Abs. 1 VwVfG).
- Die Verfügung darf von dem Adressaten nichts tatsächlich oder rechtlich **Unmögliches** verlangen.

- Schließlich darf die Verfügung nicht gegen den Grundsatz der **Verhältnismäßigkeit** verstoßen, d.h. die Maßnahme muss zur Verfolgung eines **legitimen Zwecks geeignet**, **erforderlich** und **angemessen** sein.

d) Rechtsfolge

Rechtsfolge:
- gebundene Entscheidung
- Ermessensentscheidung

Sind die Voraussetzungen für die Polizei-/Ordnungsverfügung erfüllt, muss die Behörde die **zulässige Rechtsfolge** ergreifen. Dabei kommt es darauf an,

- ob die Behörde nach den gesetzlichen Vorschriften handeln muss **(gebundene Entscheidung)** oder
- ob die Behörde handeln kann **(Ermessensentscheidung)**. Bei **Ermessensentscheidungen** hat die Behörde einen Entscheidungsspielraum,
  - ob sie überhaupt tätig wird (sog. **Entschließungsermessen**),
  - wenn ja, welche Maßnahme sie gegenüber wem ergreift (sog. **Auswahlermessen**).

Eine Ermessensentscheidung ist grds. nur rechtswidrig, wenn sie auf **Ermessensfehlern** (insbes. Ermessensüberschreitung und Ermessensfehlgebrauch) beruht (§ 40 VwVfG). Die gerichtliche Prüfung ist hierauf beschränkt (§ 114 S. 1 VwGO), näher unten S. 54 f.

III. Klausurhinweis

!

Im Prinzip unterscheiden sich Polizei-/Ordnungsverfügungen nicht von sonstigen Verwaltungsakten. In der Klausur kommt es entscheidend darauf an, dass Sie die jeweiligen Besonderheiten erkennen. Aufbaumäßig ist i.d.R. der sog. ***dreistufige Aufbau*** *(Ermächtigungsgrundlage, formelle Rechtmäßigkeit und materielle Rechtmäßigkeit) angebracht (aber weder normativ vorgegeben noch zwingend). Wie hier vorgeschlagen, sollte die Ermächtigungsgrundlage grds. vorangestellt werden, um sicherzustellen, dass etwaige spezialgesetzliche Vorschriften nicht übersehen werden. Andernfalls besteht die Gefahr überflüssiger Ausführungen zu nicht einschlägigen Vorschriften. Wichtig ist vor allem, dass Sie den Grundsatz der Spezialität bzw. Subsidiarität beachten:* ***Vorrangig*** *sind stets etwaige* ***Spezialregelungen****. Ein Rückgriff auf die Vorschriften des allgemeinen Polizei- und Ordnungsrechts ist dadurch ausgeschlossen.*

Beispiel: *Ermächtigungsgrundlage für eine bauordnungsrechtliche Beseitigungsverfügung ist nicht die Generalklausel im PolG, SOG oder OBG, sondern die Spezialnorm in der Landesbauordnung (LBauO).*

Etwas anderes gilt, wenn das ***Spezialgesetz lückenhaft*** *ist und keine Sperrwirkung entfaltet. Dann ist ggf. ein begrenzter Rückgriff auf die allgemeinen Vorschriften zulässig (näher S. 19). Im Folgenden werden die Rechtmäßigkeitsvoraussetzungen der Polizei-/Ordnungsverfügung im Einzelnen dargestellt.*

Aufbauschema: Polizei-/Ordnungsverfügung

I. Ermächtigungsgrundlage

- Spezialgesetz
- Standardermächtigung
- Generalklausel

II. Formelle Rechtmäßigkeit

1. **Zuständigkeit** (sachlich, instanziell, örtlich)
2. **Verfahren**, insb. § 28 VwVfG
3. **Form**, insb. §§ 37, 39 VwVfG

III. Materielle Rechtmäßigkeit

1. **Voraussetzungen der Ermächtigungsgrundlage**
   a) Schutzgut der öffentlichen Sicherheit oder Ordnung
   b) Konkrete Gefahr
2. **Richtiger Adressat** = Polizei-/Ordnungspflicht
   a) Verhaltensstörer
   b) Zustandsstörer
   c) ggf. Nichtstörer (sog. Notstandspflichtiger)
3. **Allgemeine Rechtmäßigkeitsanforderungen**
   a) Bestimmtheit
   b) Möglichkeit
   c) Verhältnismäßigkeit
4. **Rechtsfolge:** i.d.R. Ermessen
   a) Entschließungsermessen („ob")
   b) Auswahlermessen („wie" und „gegen wen")
   c) Überprüfung nur auf Ermessensfehler (§ 40 VwVfG, § 114 S. 1 VwGO)

B. Rechtmäßigkeit der Polizei-/Ordnungsverfügung

I. Ermächtigungsgrundlage

1. Definition

Ermächtigungsgrundlagen (Befugnisnormen) sind nur die gesetzlichen Vorschriften, die der Behörde ausdrücklich die **Befugnis** einräumen, **unter bestimmten Voraussetzungen bestimmte Maßnahmen** zu ergreifen.

Ermächtigungsgrundlage = Befugnisnorm

Beispiel: Nach § 14 Abs. 1 BPolG kann die Bundespolizei zur Erfüllung ihrer Aufgaben die „notwendigen Maßnahmen" treffen, um eine Gefahr abzuwehren. Nach § 62 KrWG kann die zuständige Behörde im Einzelfall die „erforderlichen Anordnungen" zur Durchführung des KrWG und der auf Grundlage des Gesetzes erlassenen Rechtsverordnungen treffen.

a) Zuständigkeit und Ermächtigung

Zuständigkeitsvorschriften besagen nur, dass die Behörde eine bestimmte Aufgabe wahrnehmen darf, als Ermächtigungsgrundlage reichen sie nicht aus.

Zuständigkeitsvorschriften sind keine Ermächtigungsgrundlage

Beispiel: § 1 PolG des Landes L lautet: „Die Polizei hat die Aufgabe, Gefahren für die öffentliche Sicherheit oder Ordnung abzuwehren." In § 8 PolG des Landes L heißt es: „Die Polizei kann die notwendigen Maßnahmen treffen, um eine im Einzelfall bestehende Gefahr für die öffentliche Sicherheit oder Ordnung abzuwehren. – § 1 begründet (nur) die Zuständigkeit der Polizei. § 8 ist die Ermächtigungsgrundlage für die „notwendigen Maßnahmen".

b) Verhaltenspflichten

Gesetzliche Gebote oder **Verbote** enthalten bloße Verhaltenspflichten für den Bürger, aber keine konkreten Befugnisse der Behörde.

Beispiel: § 32 StVO: *„Es ist verboten, die Straße zu beschmutzen oder zu benetzen oder Gegenstände auf Straßen zu bringen oder dort liegen zu lassen, wenn dadurch der Verkehr gefährdet oder erschwert werden kann. Wer für solche verkehrswidrigen Zustände verantwortlich ist, hat diese unverzüglich zu beseitigen …"*

Will die Behörde bei Nichtbeachtung der Verhaltenspflicht eine Verfügung erlassen, muss eine ausdrückliche Ermächtigungsgrundlage (Befugnisnorm) bestehen. Fehlen spezialgesetzliche Regelungen, ist auf die ordnungs- bzw. polizeirechtliche Generalklausel zurückzugreifen. Die dafür erforderliche Gefahr für die öffentliche Sicherheit ergibt sich aus dem Verstoß gegen das Spezialgesetz (sog. **unselbstständige Verfügung**).

Unselbstständige Verfügung bei gesetzlichen Ge- und Verboten

Beispiel: Werden Gegenstände unter Verstoß gegen § 32 Abs. 1 StVO auf die Straße gebracht und nicht beseitigt, ergeht eine Beseitigungsverfügung nach der Generalklausel i.V.m. § 32 Abs. 1 StVO (BVerwG RÜ 2016, 123, 125).

2. Art der Ermächtigungsgrundlage

a) Erforderlichkeit

Vorbehalt des Gesetzes für alle Entscheidungen, die für das Zusammenleben im Staate wesentlich sind (sog. Wesentlichkeitstheorie des BVerfG)

Ob eine Ermächtigungsgrundlage erforderlich ist, beurteilt sich nach dem **Grundsatz vom Vorbehalt des Gesetzes**, der aus Art. 20 Abs. 3 GG (Gesetzmäßigkeit der Verwaltung) und den Grundrechten hergeleitet wird. Danach ist eine Maßnahme der Polizei- und Ordnungsbehörden nur rechtmäßig, wenn das Handeln in einer Rechtsnorm gestattet ist **(„kein Handeln ohne Gesetz")**. Der Grundsatz gilt für

- **belastende Maßnahmen** und
- **wesentliche Entscheidungen**.

Beispiel: Eine sog. Gefährderansprache soll dem Betroffenen signalisieren, dass polizeiliches Interesse an seiner Person besteht, um sein weiteres Verhalten zu beeinflussen. Bei dem „Gefährder" liegen zwar keine konkreten Hinweise vor, dass er z.B. eine Straftat begehen wird, aber bestimmte Tatsachen begründen eine entsprechende Vermutung.

Eine gesetzliche Ermächtigungsgrundlage ist für die Gefährderansprache jedenfalls dann erforderlich, wenn sie einen Grundrechtseingriff bewirkt. Das ist aber nicht generell der Fall, sondern hängt von ihrem konkreten Inhalt ab, insbes. ob sie die Willensentschließungsfreiheit des (potentiellen) Gefährders in relevanter Weise einschränkt. Ist das der Fall, reicht die polizeiliche Generalkausel als Ermächtigungsgrundlage aus. Für Gefährderansprachen ohne Eingriffsqualität genügt es dagegen, wenn sie von der allgemeinen polizeilichen Aufgabenzuweisung gedeckt sind (OVG NRW RÜ 2016, 733, 736).

Ermächtigungsgrundlage

- Erforderlich nach **Grundsatz vom Vorbehalt des Gesetzes**
  - belastende Maßnahmen
  - wesentliche Entscheidungen
- Auswahl nach **Spezialitätsgrundsatz**
  - spezielles Bundesrecht
  - spezielles Landesrecht
  - allgemeines POR
    - Standardermächtigung
    - Generalklausel
- **Wirksamkeit** der Ermächtigungsgrundlage (bei Bedenken)
  - Vereinbarkeit mit höherrangigem Recht (insbes. Art. 20 GG, Grundrechte)
- ggf. als Ermächtigungsgrundlage **ausreichend**?
  - Vereinbarkeit mit Parlamentsvorbehalt

b) Auswahl

Auswahl nach Spezialitätsgrundsatz

Bei der Auswahl der Ermächtigungsgrundlage ist nach dem **Spezialitätsgrundsatz** vorzugehen. Spezialgesetze gehen den allgemeinen Gesetzen vor, wobei (wegen Art. 31 GG) **spezielle Bundesgesetze** (z.B. BImSchG, KrWG) **vor speziellen Landesgesetzen** (z.B. LImSchG, LAbfG) zu prüfen sind. Sind Spezialregelungen nicht vorhanden, ist auf das allgemeine Polizei- und Ordnungsrecht zurückzugreifen (PolG, SOG, OBG).

aa) Spezialgesetz

Subsidiarität des allgemeinen Ordnungsrechts

Vielfach bestehen **spezielle Ermächtigungsgrundlagen** im besonderen Ordnungsrecht.

Beispiele: Verbot und Auflösung einer Versammlung nach § 15 VersG bzw. entspr. LVersG, Untersagung einer gewerblichen Tätigkeit nach § 35 Abs. 1 GewO, Einschreiten gegen eine unerlaubte Sondernutzung nach § 8 Abs. 7a FstrG bzw. entspr. LStrG.

Das Sonderordnungsrecht geht dem allgemeinen Polizei- und Ordnungsrecht vor **(Subsidiarität des allgemeinen Ordnungsrecht)**.

Abschließende Regelung im Spezialgesetz

- Ergeht eine Verfügung zur Gefahrenabwehr **aufgrund eines Spezialgesetzes**, so beurteilen sich die formellen und materiellen Rechtmäßigkeitsvoraussetzungen primär nach dem Spezialgesetz. Sind diese im Spezialgesetz **abschließend geregelt** (Zuständigkeit, Ermächtigungstatbestand, Adressat der Maßnahme), ist ein **Rückgriff auf das allgemeine POR unzulässig**. Denn das Spezialgesetz, das häufig enge Eingriffsvoraussetzungen normiert, darf nicht durch allgemeine Regelungen unterlaufen werden.

  Beispiele: Versammlungsspezifische Gefahren dürfen im Hinblick auf Art. 8 GG nur nach dem Versammlungsrecht abgewehrt werden (Polizeifestigkeit der Versammlung). Deshalb ist z.B. die Einkesselung einer Versammlung nach Polizeirecht unzulässig, wenn die Versammlung nicht zuvor nach § 15 Abs. 3 VersG aufgelöst worden ist. – Maßnahmen gegen Presseerzeugnisse sind nur im engen Rahmen des LPresseG zulässig, ein Rückgriff auf das allgemeine POR ist unzulässig (Polizeifestigkeit der Presse).

Lückenfüllung durch allgemeines POR

- **Fehlen** einzelne Rechtmäßigkeitsvoraussetzungen im Spezialgesetz, kommt zur Lückenfüllung das allgemeine POR zur Anwendung.

  Beispiel: Das VersG trifft keine Aussage über den Adressaten einer Verbotsverfügung. Es gelten daher die Regeln des allgemeinen Polizeirechts (vgl. z.B. ausdrücklich § 11 Abs. 2 BbgOBG, § 12 Abs. 2 SOG M-V, § 3 Abs. 1 S. 3 NdsSOG, § 12 Abs. 2 OBG NRW). Primärer Adressat versammlungsrechtlicher Verfügungen ist daher der Veranstalter als Verhaltensstörer.

bb) Standardermächtigungen

Subsidiarität der Generalklausel gegenüber Standardermächtigungen

Für Maßnahmen, die in bestimmten Erscheinungsformen (standardisiert) immer wiederkehren, enthalten die allgemeinen Polizei- und Ordnungsgesetze spezielle Eingriffsgrundlagen. Diese **Standardmaßnahmen** sind i.d.R. mit einem intensiven Eingriff in Grundrechte verbunden, für den die Generalklausel als Ermächtigungsgrundlage nicht ausreicht. Deshalb gibt es spezielle Befugnisnormen (Standardermächtigungen), die den Rückgriff auf die Generalklausel ausschließen **(Subsidiarität der Generalklausel)**:

Standardermächtigungen für intensive Eingriffe in Grundrechte

- **Datenerhebung** (§§ 21 ff. BPolG),
  - **Befragung** (§ 22 BPolG),
  - Erhebung von **Telekommunikationsdaten** (§ 22a BPolG) und **Gesprächsaufzeichnung** (§ 27c BPolG),
  - **Identitätsfeststellung** (§ 23 BPolG),
  - **erkennungsdienstliche Maßnahmen** (§ 24 BPolG),
  - **Vorladung** (§ 25 BPolG),
  - **Audio- und Videoüberwachung** (§§ 26, 27, 27a, 28 Abs. 2 Nr. 2 BPolG),
  - automatische **Kennzeichenerfassung** (§ 27b BPolG),
  - längerfristige **Observation** (§ 28 Abs. 2 Nr. 1 BPolG),
  - Einsatz von **verdeckten Ermittlern** (§§ 28 Abs. 2 Nr. 4, 28a BPolG),
- **Datenverarbeitung** und **Datennutzung** (§§ 29 ff. BPolG),
- **Platzverweis** (§ 38 BPolG),
- **Gewahrsam** (§§ 39–42 BPolG),
- **Durchsuchung** von Personen und Sachen (§§ 43, 44 BPolG),
- Betreten und **Durchsuchung** von **Wohnungen** (§§ 45, 46 BPolG),
- **Sicherstellung** und **Verwahrung** (§§ 47, 48 BPolG).

Die **Landespolizeigesetze** enthalten vergleichbare Regelungen, teilweise aber auch weitergehende Maßnahmen.

21 ff. BPolG	19 ff. PolG	12 ff. PAG	18 ff. ASOG	11 ff. PolG	11 ff. PolG	11 ff. SOG	12 ff. SOG	26 ff. SOG	12 ff. SOG
9 ff. PolG	9a ff. POG	9 ff. PolG	18 ff. PolG	14 ff. SOG	178 ff. LVwG	13 ff. PAG			

Beispiele für sonstige landesrechtliche Standardmaßnahmen: Rasterfahndung (in allen Ländern), Handyortung (z.B. BW, Bay, Bln, Hbg, Hess, M-V, Nds, NRW, RP, Saar, SH, Thür), Onlinedurchsuchung (Bay, RP), elektronische Aufenthaltsüberwachung, sog. Fußfessel (z.B. BW, Bay). Für das BKA gelten zur Abwehr von Gefahren des internationalen Terrorismus die §§ 39 ff. BKAG n.F. (§§ 22b ff. a.F.).

cc) Generalklausel

Gefahr für die öffentliche Sicherheit oder Ordnung

Soweit Spezialregeln (Spezialgesetz oder Standardermächtigungen) nicht einschlägig sind, kommt als Ermächtigungsgrundlage nur die polizei-/ordnungsrechtliche **Generalklausel** in Betracht. Danach können die zuständigen Behörden die erforderlichen Maßnahmen treffen, um eine im Einzelfall bestehende **Gefahr für die öffentliche Sicherheit (oder Ordnung)** abzuwehren.

14 I BPolG	1, 3 PolG	11 I PAG	17 I ASOG	10 I PolG	13 I OBG	10 I 1 PolG	3 I SOG	11 SOG	13 SOG

11 SOG	8 I PolG	14 I OBG	9 I POG	8 I PolG	3 I PolG	13 SOG	174, 176 LVwG	12 I PAG	5 I OBG

Verfassungsmäßigkeit der Generalklausel

(1) Die Bestimmtheit und damit die **Verfassungsmäßigkeit** der Generalklausel wird zwar zuweilen angezweifelt. Sie ist jedoch in jahrzehntelanger Entwicklung durch Rechtsprechung und Lehre nach Inhalt, Zweck und Ausmaß hinreichend präzisiert, in ihrer Bedeutung geklärt und im juristischen Sprachgebrauch verfestigt. Grundsätzlich entspricht sie auch den Anforderungen des grundrechtlichen Gesetzesvorbehalts. Im Einzelfall müssen die Maßnahmen jedoch stets dem Grundsatz der Verhältnismäßigkeit entsprechen.

Generalklausel reicht nicht für intensive Grundrechtseingriffe

(2) Intensive Grundrechtseingriffe können nach h.M. **nicht** auf die Generalklausel gestützt werden. Denn der Grundsatz vom Vorbehalt des Gesetzes liefert nicht nur die Kriterien dafür, ob der Gesetzgeber überhaupt tätig werden muss, sondern gibt auch den Umfang vor, den der Gesetzgeber im Gesetz normieren muss. Das Wesentliche muss der Parlamentsgesetzgeber selbst regeln (Wesentlichkeitstheorie, Parlamentsvorbehalt).

Beispiel: Für das automatische Scannen von Kfz-Kennzeichen durch die Polizei reicht die Generalklausel als allgemein gehaltene Ermächtigungsgrundlage nicht aus (vgl. BVerfG RÜ 2008, 254).

Chaosgedanke: Generalklausel als Rechtsgrundlage für Übergangszeit

(3) Ausnahmsweise kann jedoch für eine **Übergangszeit** der Rückgriff auf die Generalklausel zulässig sein, um eine sonst drohende Funktionsunfähigkeit staatlicher Einrichtungen zu vermeiden. Diese stünde der verfassungsmäßigen Ordnung noch ferner als die vorübergehende Hinnahme gesetzlich nicht ausreichend legitimierter, aber legitimierbarer Eingriffe (sog. **Chaosgedanke**).

In einer Übergangszeit kann die Dauerobservation von hochgradig rückfallgefährdeten Sexual- und Gewaltstraftätern auf Grundlage der Generalklausel zulässig sein, bis der Gesetzgeber die erforderliche detaillierte Ermächtigungsgrundlage geschaffen hat (vgl. OVG NRW RÜ 2013, 655, 660).

1. Wann ist eine Polizei-/Ordnungsverfügung rechtmäßig?

1. Eine Polizei-/Ordnungsverfügung ist nur rechtmäßig,

- wenn sie auf einer wirksamen und ausreichenden Ermächtigungsgrundlage (Befugnisnorm) beruht,
- die Zuständigkeits-, Verfahrens- und Formvorschriften eingehalten sind (formelle Rechtmäßigkeit) und
- die Verfügung sachlich mit dem geltenden Recht im Einklang steht (materielle Rechtmäßigkeit).

2. Welche Prüfungspunkte ergeben sich im Rahmen der materiellen Rechtmäßigkeit?

2. Materiell rechtmäßig ist die Polizei-/Ordnungsverfügung, wenn

- die tatbestandlichen Voraussetzungen der Ermächtigungsgrundlage (Befugnisnorm) vorliegen,
- die Verfügung an den richtigen Adressaten gerichtet ist,
- die allgemeinen Anforderungen an die Rechtmäßigkeit eines Verwaltungsaktes (insb. Bestimmtheit, Möglichkeit und Verhältnismäßigkeit) erfüllt sind und
- die Behörde die richtige Rechtsfolge gewählt hat.

3. Was ist der Unterschied zwischen Zuständigkeitsvorschriften und Befugnisnormen?

3. Zuständigkeitsvorschriften besagen nur, dass die Behörde eine bestimmte Aufgabe wahrnehmen darf. Ermächtigungsgrundlagen sind dagegen nur die Normen, die der Behörde ausdrücklich die Befugnis einräumen, unter bestimmten Voraussetzungen bestimmte Maßnahmen zu ergreifen.

4. Was versteht man unter einer unselbstständigen Verfügung?

4. Unselbstständige Verfügungen sind solche, die der Durchsetzung eines spezialgesetzlichen Ge- oder Verbotes dienen. Sie ergehen auf der Grundlage der Generalklausel. Die Gefahr für die öffentliche Sicherheit ergibt sich aus dem Verstoß gegen das Spezialgesetz.

5. Wann ist eine Ermächtigungsgrundlage (Befugnisnorm) für eine polizeiliche Maßnahme erforderlich?

5. Nach dem Grundsatz vom Vorbehalt des Gesetzes (Art. 20 Abs. 3 GG) ist eine Ermächtigungsgrundlage jedenfalls bei einem Grundrechtseingriff erforderlich. Dasselbe gilt für sonstige wesentliche Maßnahmen.

6. Nennen Sie die wichtigsten polizeilichen Standardmaßnahmen!

6. Datenerhebung, -verarbeitung und -nutzung (z.B. Befragung, Identitätsfeststellung, erkennungsdienstliche Maßnahmen, Audio-/Videoüberwachung), Platzverweis, Gewahrsam, Durchsuchung von Personen und Sachen, Betreten und Durchsuchung von Wohnungen, Sicherstellung und Verwahrung u.v.m.

Ist eine **wirksame und ausreichende Ermächtigungsgrundlage** vorhanden, müssen die formellen und materiellen Voraussetzungen der Polizei-/Ordnungsverfügung vorliegen.

II. Formelle Rechtmäßigkeit

Formell rechtmäßig ist eine Polizei-/Ordnungsverfügung, wenn sie von der zuständigen Behörde unter Beachtung der Verfahrensvorschriften formgerecht erlassen worden ist.

Formelle Rechtmäßigkeit
■ **Zuständigkeit** (sachlich, instanziell, örtlich)
■ **Verfahren**, insb. § 28 VwVfG
■ **Form**, insb. §§ 37, 39 VwVfG

Auch die formellen Rechtmäßigkeitsvoraussetzungen ergeben sich **vorrangig aus Spezialgesetzen**, subsidiär aus dem allgemeinen POR und ergänzend aus dem VwVfG.

In der Landesbauordnung (LBauO) ist zumeist nur die sachliche Zuständigkeit zum Erlass einer Bauordnungsverfügung geregelt. Die örtliche Zuständigkeit ergibt sich ergänzend aus dem PolG, SOG, OBG oder dem VwVfG. Dabei gilt das VwVfG des Bundes, wenn eine Bundesbehörde handelt, während bei Maßnahmen von Landesbehörden das LVwVfG anzuwenden ist, auch wenn Bundesrecht ausgeführt wird (§ 1 Abs. 3 VwVfG).

1. Zuständigkeit

Zuständigkeitsnormen regeln, welche Behörde welche bestimmte Aufgabe wahrnehmen darf. Hierbei sind die **sachliche**, die **instanzielle** und die **örtliche** Zuständigkeit zu unterscheiden.

Zuständigkeit:
- sachlich
- instanziell
- örtlich

a) Sachliche Zuständigkeit

Die Zuständigkeit knüpft primär an einen bestimmten **Aufgabenbereich** an (sog. sachliche Zuständigkeit).

aa) Spezialgesetzliche Zuständigkeiten

Spezialgesetzliche Zuständigkeiten sind gegenüber den Zuständigkeiten nach dem allgemeinen POR vorrangig **(Subsidiarität des allgemeinen POR)**. Dies gilt allerdings nur für den spezialgesetzlich geregelten Gefahrenbereich.

Subsidiarität des allgemeinen POR gegenüber dem Sonderordnungsrecht

Beispiele: Bei versammlungstypischen Gefahren darf nur die zuständige Versammlungsbehörde eine Auflösungsverfügung erlassen (§§ 13 Abs. 1, 15 Abs. 3 VersG). Soll dagegen eine Gefahr abgewehrt werden, die nicht von der Versammlung ausgeht, ist ein Rückgriff auf das sonstige Ordnungsrecht zulässig.

Beispiel: Bei Einsturzgefahr des Versammlungsraums greift nicht § 13 Abs. 1 Nr. 2 VersG, sondern die LBauO ein, sodass die Zuständigkeit der Baubehörde besteht.

Spezialgesetzliche Zuständigkeiten bestehen i.d.R. nur für **Ordnungsbehörden**. Ausnahmsweise gibt es auch spezielle Zuständigkeiten der **Polizei** zur Gefahrenabwehr.

Beispiele: Zuständigkeit der Polizei nach § 44 Abs. 2 StVO (Verkehrsregelung und vorläufige Maßnahmen bei Gefahr im Verzug), Zuständigkeit der Polizei für die Auflösung von Versammlungen in geschlossenen Räumen (§ 13 VersG).

Im Spezialgesetz ist häufig nur eine allgemeine **Funktionsbezeichnung** genannt (z.B. die Straßenverkehrsbehörde oder die Bauaufsichtsbehörde). In diesem Fall muss anhand des Organisationsrechts i.V.m. Ausführungsbestimmungen festgestellt werden, welche Behörde welche Funktion konkret wahrnimmt.

Beispiel: Nach § 44 Abs. 1 S. 1 StVO sind sachlich zuständig zur Ausführung der StVO, soweit nichts anderes bestimmt ist, die Straßenverkehrsbehörden. Dies sind die Behörde, denen durch Landesrecht die Aufgaben der Straßenverkehrsbehörde zugewiesen sind. Aus der landesrechtlichen Zuständigkeitsverordnung i.V.m. der GemO oder KreisO ergibt sich dann die tatsächlich zuständige Behörde (z.B. der Oberbürgermeister oder der Landrat).

bb) Zuständigkeit der Ordnungsbehörde

Zuständigkeit der allgemeinen Ordnungsbehörde

Die (allgemeinen) Ordnungsbehörden haben (nur) die Aufgabe, Gefahren für die öffentliche Sicherheit oder Ordnung abzuwehren, soweit die Zuständigkeit **nicht spezialgesetzlich** geregelt ist.

Beispiel: Ergeht wegen Verstoßes gegen § 32 Abs. 1 StVO eine sog. unselbstständige Verfügung aufgrund der Generalklausel (s.o. S. 23), ist hierfür nicht die allgemeine Ordnungsbehörde, sondern nach § 44 Abs. 1 S. 1 StVO die Straßenverkehrsbehörde zuständig (BVerwG RÜ 2016, 123, 126 f.).

Zur Begründung der Zuständigkeit kommt es nicht darauf an, ob eine Gefahr für die öffentliche Sicherheit oder Ordnung tatsächlich vorliegt. Entscheidend ist allein, dass die Behörde (subjektiv) **zur Gefahrenabwehr** tätig werden will. Ob die Gefahr tatsächlich (objektiv) vorliegt, ist eine Frage der materiellen Rechtmäßigkeit.

cc) Zuständigkeit der (Vollzugs-)Polizei

Zuständigkeit der Polizei im Eilfall

Auch die (Vollzugs-)Polizei hat allgemein die Aufgabe, Gefahren für die öffentliche Sicherheit oder Ordnung abzuwehren. Sind allerdings neben der Polizei andere Behörden für die Gefahrenabwehr zuständig (insbes. die Ordnungs- oder Polizeiverwaltungsbehörden), darf die Polizei in eigener Zuständigkeit nur tätig werden, wenn ein **Eilfall** (Gefahr im Verzug) vorliegt, d.h. soweit ein Handeln der anderen Behörden nicht oder nicht rechtzeitig möglich erscheint.

–	60 II PolG	3 PAG	4 I ASOG	2 S. 1 PolG	78 IV, V PolG	3 II SOG	2 S. 1 SOG	7 I SOG	1 II SOG
1 I PolG	1 VIII POG	85 II PolG	2 I PolG	2 II SOG	168, 172 LVwG	3 S. 1 PAG			

Ein **Eilfall** liegt nur vor, wenn zur Abwehr eines Schadens sofort eingegriffen werden muss, weil die Gefahrenlage bereits andauert oder ein Abwarten auf das Eingreifen der an sich zuständigen Behörde die notwendigen Maßnahmen erschweren oder vereiteln würde (Gefahr im Verzug). In der Regel darf die Polizei nur **unaufschiebbare** bzw. **vorläufige Maßnahmen** treffen.

Eine spezielle Eilfallkompetenz der Polizei regelt § 44 Abs. 2 S. 2 StVO für vorläufige Anordnungen auf dem Gebiet des Straßenverkehrsrechts.

dd) Zuständigkeit gegenüber Hoheitsträgern

Beispiel: Die Gemeinde betreibt einen Sportplatz, dessen Betrieb die zulässigen Lärmwerte der SportanlagenlärmschutzVO (18. BImSchV) überschreitet. Darf die zuständige Umweltbehörde Nutzungseinschränkungen anordnen?

Zuständigkeit gegenüber störenden Hoheitsträgern

Früher ging die h.M. davon aus, dass den Polizei- und Ordnungsbehörden die sachliche Zuständigkeit zum Einschreiten gegenüber einem störenden Hoheitsträger fehlt, weil dieser für die Beachtung der einschlägigen gesetzlichen Vorschriften nach Art. 20 Abs. 3 GG **selbst verantwortlich** ist. Außerdem könne das Einschreiten einer anderen Behörde zu Beeinträchtigungen der Funktionsfähigkeit staatlicher Einrichtungen führen. Aufgrund der Einheit der Staatsgewalt dürfe eine Behörde nicht in den hoheitlichen Zuständigkeitsbereich einer anderen Verwaltungsbehörde eingreifen.

Materielle Polizei-/Ordnungspflicht von Hoheitsträgern

Heute wird überwiegend darauf abgestellt, dass auch Hoheitsträger der **materiellen Polizei-/Ordnungspflicht** unterliegen und dies auch durch die zuständige Fachbehörde durchgesetzt werden darf. Eine Einschränkung wird nur dann gemacht, wenn durch die Verfügung die Erfüllung der öffentlich-rechtlichen Aufgaben durch den störenden Hoheitsträger ernstlich beeinträchtigt wird.

Beispiel: Auch Hoheitsträger dürfen keine schädlichen Umwelteinwirkungen i.S.d. § 3 Abs. 1 BImSchG verursachen. Zur Durchsetzung immissionsschutzrechtlicher Pflichten kann die zuständige Umweltbehörde des Landes daher nach §§ 24, 25 BImSchG auch gegen Lärmimmissionen durch hoheitliche Einrichtungen vorgehen. Unstreitig ist dies, wenn der Hoheitsträger wie der Bürger handelt, also bei der fiskalischen Verwaltung (z.B. wirtschaftliche Betätigung der Gemeinde oder Anschaffung und Verwaltung des Staatsvermögens). Bei hoheitlicher Tätigkeit wird teilweise noch die o.g. Gegenmeinung vertreten.

ee) Zuständigkeit zum Schutz privater Rechte

Schutz privater Rechte subsidiär gegenüber zivilgerichtlichem Rechtsschutz

Der Schutz privater Ansprüche ist in erster Linie Sache der **Zivilgerichte**. Aus Gründen der Gewaltenteilung ist ein Einschreiten der Polizei oder der Ordnungsbehörde nur ausnahmsweise zulässig **(Subsidiaritätsgrundsatz)**.

1 IV BPolG	2II PolG	2 II PAG	1 IV ASOG	1 II PolG	1 II PolG	3 III SOG	1 II SOG	1 III SOG	1 III SOG
1 II PolG	1 III POG	1 III PolG	2 II PolG	1 II SOG	162 II LVwG	2 II PAG			

Der Schutz privater Rechte obliegt den Gefahrenabwehrbehörden danach nur, wenn zivilgerichtlicher Rechtsschutz **nicht rechtzeitig** zu erlangen ist oder wenn ohne polizeiliche Hilfe die Verwirklichung des Rechts **vereitelt** oder **wesentlich erschwert** würde.

b) Instanzielle Zuständigkeit

Instanzielle Zuständigkeit: i.d.R. örtliche Polizei-/Ordnungsbehörde

aa) Die **Ordnungsbehörden** (Polizeiverwaltungsbehörden) sind i.d.R. in mehrere Instanzen gegliedert (z.B. örtliche Ordnungsbehörden, Kreisordnungsbehörden, Landesordnungsbehörden). Zuständig ist grundsätzlich die **örtliche Ordnungsbehörde** (also i.d.R. die Verwaltung der Gemeinden und kreisfreien Städte). In **Eilfällen** kann ausnahmsweise jede Behörde anstelle der an sich zuständigen Behörde tätig werden.

Vgl. z.B. § 67 Abs. 1 u. 2 PolG BW, § 2 Abs. 5 ASOG Bln,§ 6 BbgOBG, § 6 OBG NRW. In einigen Ländern besteht zudem in bestimmten Fällen ein **Selbsteintrittsrecht** der höheren Behörde (vgl. z.B. Art. 3b BayVwVfG, § 10 Abs. 3 Nr. 3 ASOG Bln, § 10 Abs. 1 OBG NRW, § 93 Abs. 2 POG RP).

bb) Die (Vollzugs-)Polizei ist in den meisten Ländern **einstufig** als Landesbehörden gegliedert. Zuständig sind i.d.R. die **Orts- bzw. Kreispolizeibehörden**.

c) Örtliche Zuständigkeit

Örtliche Zuständigkeit: Bezirk der zu schützenden Interessen

Die örtliche Zuständigkeit muss bestimmt werden, wenn es mehrere gleichartige Behörden mit **räumlich begrenzten Zuständigkeitsbereichen** gibt. Regelmäßig ist örtlich zuständig die Polizei-/Ordnungsbehörde, in deren Bezirk die zu schützenden Interessen verletzt oder gefährdet werden.

2. Verfahren

Anhörung beim belastenden VA

Als (belastender) Verwaltungsakt unterliegt die Polizei-/Ordnungsverfügung den verfahrensrechtlichen Anforderungen des VwVfG. Insbesondere ist grundsätzlich nach § 28 Abs. 1 VwVfG eine **Anhörung** zu den entscheidungserheblichen Tatsachen erforderlich, bevor die Behörde einen belastenden Verwaltungsakt erlässt. Von der Anhörung kann (Ermessen!) abgesehen werden, wenn eine sofortige Entscheidung wegen **Gefahr im Verzug** oder im öffentlichen Interesse notwendig erscheint (§ 28 Abs. 2 Nr. 1 VwVfG). Dasselbe gilt, wenn die Behörde eine Allgemeinverfügung (§ 35 S. 2 VwVfG) erlassen will (§ 28 Abs. 2 Nr. 4 VwVfG). Nach § 28 Abs. 3 VwVfG unterbleibt die Anhörung, wenn ihr ein zwingendes öffentliches Interesse entgegensteht (z.B. bei Lebensgefahr für Menschen).

Entbehrlichkeit der Anhörung, insbes. bei Gefahr im Verzug

3. Form

Polizei-/Ordnungsverfügung grds. formfrei

Spezialgesetzlich ist für Ordnungsverfügungen teilweise **Schriftform** angeordnet (z.B § 77 AufenthG für ausländerrechtliche Maßnahmen, z.B. Ausweisung eines Ausländers). Im Übrigen gilt in den meisten Ländern der Grundsatz der **Formfreiheit** (§ 37 Abs. 2 VwVfG). Die Polizei-/Ordnungsverfügung kann schriftlich, elektronisch, mündlich oder in sonstiger Weise erlassen werden (z.B. konkludent).

Eine Ausnahme gilt für Ordnungsverfügungen in Brandenburg (§ 19 OBG) und NRW (§ 20 OBG), allerdings wiederum mit Ausnahmen von der Schriftform bei Gefahr im Verzug.

Begründung insbes. beim schriftlichen Verwaltungsakt

Sofern eine schriftliche Polizei-/Ordnungsverfügung vorliegt, ist diese grds. mit einer **Begründung** zu versehen (§ 39 Abs. 1 VwVfG). In der Begründung sind die wesentlichen tatsächlichen und rechtlichen Gründe mitzuteilen, die die Behörde zu ihrer Entscheidung bewogen haben. Da es sich bei Polizei-/Ordnungsverfügungen i.d.R. um **Ermessensentscheidungen** handelt, sollen auch die Gesichtspunkte angegeben werden, von denen die Behörde bei der Ausübung ihres Ermessens ausgegangen ist (§ 39 Abs. 1 S. 3 VwVfG).

Ausnahmen bestehen auch hier z.B. wenn dem Betroffenen die Auffassung der Behörde bereits bekannt oder auch ohne Begründung für ihn ohne weiteres erkennbar ist (§ 39 Abs. 2 Nr. 2 VwVfG) oder für öffentlich bekanntgegebene Allgemeinverfügungen (§ 39 Abs. 2 Nr. 5 VwVfG).

Rechtsbehelfsbelehrung

Keine formelle **Rechtmäßigkeitsvoraussetzung** ist die Pflicht zur **Rechtsbehelfsbelehrung** (§ 37 Abs. 6 VwVfG). Ihr Fehlen oder ihre Unrichtigkeit führt nicht zur Rechtswidrigkeit des Verwaltungsakts, sondern nur dazu, dass die Monatsfrist für Rechtsbehelfe nach §§ 70, 74 VwGO nicht zu laufen beginnt. Stattdessen gilt die **Jahresfrist** des § 58 Abs. 2 VwGO.

4. Folgen formeller Fehler

a) Heilung

Heilung bei Form- und Verfahrensfehlern

Formelle Fehler machen die Polizei-/Ordnungsverfügung grds. **rechtswidrig**. Jedoch können bestimmte Form- und Verfahrensfehler, die nicht zur Nichtigkeit nach § 44 VwVfG führen, auch im Polizei- und Ordnungsrecht **nach § 45 VwVfG geheilt** werden.

Beispiele: Die fehlende Begründung oder Anhörung kann nach § 45 Abs. 1 Nr. 2 bzw. Nr. 3 VwVfG im Widerspruchsverfahren und auch noch im gerichtlichen Verfahren (45 Abs. 2 VwVfG) nachgeholt werden.

Auch ihre **Ermessenserwägungen** kann die Behörde im gerichtlichen Verfahren ergänzen (§ 114 S. 2 VwGO).

Die erstmalige Begründung einer Ermessensentscheidung ist dagegen im Prozess nicht zulässig (vgl. „ergänzen").

b) Unbeachtlichkeit

Unbeachtlichkeit von Form- und Verfahrensfehlern

Ist eine Heilung nach § 45 VwVfG nicht möglich oder nicht erfolgt, so können die in **§ 46 VwVfG** genannten Fehler gleichwohl **unbeachtlich** sein.

Beispiele: Verletzung von Vorschriften über das Verfahren (z.B. Anhörung), die Form (z.B. Begründung) oder die örtliche Zuständigkeit (nicht dagegen die sachliche Zuständigkeit).

Dies gilt allerdings nur, wenn offensichtlich ist, dass die Verletzung die **Entscheidung in der Sache nicht beeinflusst** hat (§ 46 Hs. 2 VwVfG), also **nicht kausal** geworden ist.

- Dies gilt vor allem bei **gebundenen** Entscheidungen.

  Beispiel: Ist der Betroffene ungeeignet zum Führen von Kraftfahrzeugen, so muss die Fahrerlaubnis in jedem Fall entzogen werden (§ 3 Abs. 1 S. 1 StVG: „... so hat ihm die Fahrerlaubnisbehörde die Fahrerlaubnis zu entziehen"). Ein Verstoß gegen die Anhörungspflicht nach § 28 Abs. 1 VwVfG ist deshalb nach § 46 VwVfG unbeachtlich.

- Bei **Ermessensentscheidungen** fehlt die Kausalität nur, wenn offensichtlich ist, dass die Behörde bei Vermeidung des Fehlers im Ergebnis dieselbe – materiell rechtmäßige – Entscheidung getroffen hätte.

  Beispiel: Bei einer Bauordnungsverfügung ist die fehlende Anhörung unbeachtlich, wenn aufgrund einer konsequenten Verwaltungspraxis eine Stellungnahme des Betroffenen auf den Erlass der Beseitigungsverfügung tatsächlich keinen Einfluss gehabt hätte. Kann dagegen nicht ausgeschlossen werden, dass die Entscheidung in der Sache bei Anhörung anders ausgefallen wäre, sind die Voraussetzungen des § 46 VwVfG nicht gegeben. Allein der formelle Fehler führt dann zur Aufhebung des Verwaltungsaktes.

1. Wann ist eine Polizei-/Ordnungsverfügung formell rechtmäßig?

1. Formell rechtmäßig ist eine Polizei-/Ordnungsverfügung, wenn sie von der zuständigen Behörde unter Beachtung der Verfahrensvorschriften formgerecht erlassen worden ist.

2. Welche Prüfungspunkte können sich im Rahmen der Zuständigkeit ergeben?

2. Im Rahmen der Zuständigkeit ist die sachliche, die instanzielle und die örtliche Zuständigkeit zu unterscheiden.

3. Wann sind die allgemeinen Ordnungsbehörden (Polizeiverwaltungsbehörden) für die Gefahrenabwehr zuständig?

3. Die sachliche Zuständigkeit der allgemeinen Ordnungsbehörden (Polizeiverwaltungsbehörden) zur Gefahrenabwehr ist nur eröffnet, wenn die Zuständigkeit nicht spezialgesetzlich geregelt ist (Subsidiarität des allgemeinen Ordnungsrechts).

4. Wann ist die (Vollzugs-)Polizei für die Gefahrenabwehr zuständig?

4. Sind neben der Polizei andere Behörden für die Gefahrenabwehr zuständig, darf die Polizei in eigener Zuständigkeit nur tätig werden, wenn ein Eilfall (Gefahr im Verzug) vorliegt, d.h. soweit ein Handeln der anderen Behörden nicht oder nicht rechtzeitig möglich erscheint.

5. Dürfen Polizei- und Ordnungsbehörden auch gegen störende Hoheitsträger einschreiten?

5. Die Frage ist umstritten. Im fiskalischen Bereich, wo Hoheitsträger wie der Bürger handeln, wird dies heute überwiegend bejaht, da auch Hoheitsträger der materiellen Polizei-/Ordnungspflicht unterliegen. Im hoheitlichen Bereich wird dagegen die Zuständigkeit der Polizei-/Ordnungsbehörde teilweise verneint, da Hoheitsträger für die Beachtung der gesetzlichen Vorschriften nach Art. 20 Abs. 3 GG selbst verantwortlich sind und die erforderlichen Maßnahmen in eigener Zuständigkeit zu treffen haben.

6. Darf die Polizei-/Ordnungsbehörde auch zum Schutz privater Rechte einschreiten?

6. Der Schutz privater Rechte obliegt den Gefahrenabwehrbehörden nur, wenn zivilgerichtlicher Rechtsschutz nicht rechtzeitig zu erlangen ist oder wenn ohne behördliche Hilfe die Verwirklichung des Rechts vereitelt oder wesentlich erschwert würde.

7. Welche Prüfungsschritte ergeben sich typischerweise bei Verfahrensvorschriften?

7. Bei Verfahrensvorschriften ergeben sich i.d.R. folgende Prüfungsschritte:

- Erforderlichkeit (z.B. §§ 28 Abs. 1, 39 Abs. 1 VwVfG),
- Entbehrlichkeit (z.B. §§ 28 Abs. 2, 39 Abs. 2 VwVfG),
- keine Nichtigkeit (§ 44 VwVfG),
- Heilung (§ 45 VwVfG),
- Unbeachtlichkeit (§ 46 VwVfG).

III. Materielle Rechtmäßigkeit

Materielle Rechtmäßigkeit
■ **Voraussetzungen der Ermächtigungsgrundlage**
■ **richtiger Adressat**
■ **allgemeine Rechtmäßigkeitsanforderungen**
▪ Bestimmtheit
▪ Möglichkeit
▪ Verhältnismäßigkeit
■ **zulässige Rechtsfolge**

1. Voraussetzungen der Ermächtigungsgrundlage

Damit die Polizei-/Ordnungsverfügung materiell rechtmäßig ist, müssen zunächst die **tatbestandlichen Voraussetzungen** der Ermächtigungsgrundlage vorliegen.

a) Spezialgesetz

Spezialgesetzliche Ermächtigungsgrundlagen

Die materiellen Voraussetzungen ergeben sich primär aus **Spezialgesetzen**. Konkretisiert werden die in der Regel abstrakt gehaltenen Voraussetzungen vor allem durch die Rechtsprechung.

- Nach § 3 Abs. 1 S. 1 StVG hat die Behörde die Fahrerlaubnis zu entziehen, wenn sich der Inhaber als ungeeignet oder nicht befähigt zum Führen von Kraftfahrzeugen erweist. Ungeeignet ist, wer nicht die notwendigen körperlichen und geistigen Anforderungen erfüllt oder erheblich oder wiederholt gegen verkehrsrechtliche Vorschriften oder Strafgesetze verstoßen hat (vgl. § 2 Abs. 4 S. 1 StVG, § 46 Abs. 1 S. 2 FeV i.V.m. Anlagen 4, 5 oder 6 zur FeV).
- Für eine gewerberechtliche Untersagungsverfügung nach § 35 Abs. 1 GewO müssen Tatsachen vorliegen, welche die Unzuverlässigkeit des Gewerbetreibenden dartun. Unzuverlässig ist nach der Rspr., wer nach dem Gesamteindruck seines Verhaltens nicht die Gewähr dafür bietet, dass er sein Gewerbe künftig ordnungsgemäß betreiben wird.
- Der Erlass einer Bauordnungsverfügung setzt nach der LBauO einen Verstoß gegen baurechtliche Vorschriften voraus. Eine Beseitigungsverfügung ist im Hinblick auf Art. 14 Abs. 1 GG nur rechtmäßig, wenn das Bauvorhaben formell und materiell baurechtswidrig (illegal) ist.

b) Standardermächtigungen

Standardermächtigungen bei Standardmaßnahmen

Standardmaßnahmen sind Gefahrenabwehrmaßnahmen, die in bestimmten Erscheinungsformen immer wiederkehren, die sich also **standardisieren** lassen. Der Gesetzgeber regelt sie insbesondere dann, wenn es um Eingriffe in besonders wichtige Grundrechte geht.

Beispiele: Erhebung personenbezogener Daten und Datenvereinbarung im Hinblick auf das Grundrecht auf informationelle Selbstbestimmung (Art. 2 Abs. 1 i.V.m. Art. 1 Abs. 1 GG), Platzverweis und Aufenthaltsverbot wegen Art. 11 Abs. 1 GG, Ingewahrsamnahme wegen Art. 2 Abs. 2 S. 2 GG, Betreten und Durchsuchung von Wohnungen wegen Art. 13 Abs. 1 GG, Sicherstellung als Eingriff in das Eigentum i.S.d. Art. 14 Abs. 1 GG.

Die wichtigsten Standardmaßnahmen in der Klausur sind:

- **Datenerhebung** (§§ 21 ff. BPolG), z.B. Befragung (§ 22 BPolG), Identitätsfeststellung (§ 23 BPolG), erkennungsdienstliche Maßnahmen (§ 24 BPolG),
- **Platzverweis** (§ 38 BPolG),
- **Gewahrsam** (§§ 39 ff. BPolG),
- **Durchsuchung** von Personen und Sachen (§§ 43, 44 BPolG),
- Betreten und **Durchsuchung** von **Wohnungen** (§§ 45, 46 BPolG),
- **Sicherstellung** und **Verwahrung** (§§ 47, 48 BPolG).

Entsprechende Standardmaßnahmen gibt es auch auf Landesebene. Teilweise enthalten die Landesgesetze weitere Standardmaßnahmen (z.B. Handyortung, Onlinedurchsuchung etc.), s.o. S. 20.

Formelle und materielle Anforderungen an Standardmaßnahmen

Standardmaßnahmen können sowohl in formeller als auch materieller Hinsicht **besondere Voraussetzungen** verlangen (z.B. gefährdete Rechtsgüter, Gefahrenintensität, Richtervorbehalt), s.u. S. 61 ff.

Beispiele: Die Ingewahrsamnahme einer Person ist zulässig, wenn dies zum Schutz der Person gegen eine Gefahr für Leib oder Leben erforderlich ist oder unerlässlich ist, um die unmittelbare Begehung oder Fortsetzung einer Straftat zu verhindern (§ 39 Abs. 1 BPolG). Die Polizei kann eine Sache sicherstellen, um eine „gegenwärtige" Gefahr abzuwehren (§ 47 Nr. 1 BPolG). Durchsuchungen von Wohnungen dürfen außer bei Gefahr im Verzug nur durch den Richter angeordnet werden (vgl. § 46 Abs. 1 BPolG, Art. 13 Abs. 2 GG).

c) Generalklausel

Generalklausel: Gefahr für die öffentliche Sicherheit oder Ordnung

Nach der polizei-/ordnungsrechtlichen Generalklausel kann die Polizei- bzw. Ordnungsbehörde die notwendigen Maßnahmen treffen, um eine im Einzelfall bestehende **Gefahr für die öffentliche Sicherheit oder Ordnung** abzuwehren, soweit die Befugnisse nicht spezialgesetzlich geregelt sind.

14 I BPolG	1, 3 PolG	11 I PAG	17 I ASOG	10 I PolG	13 I OBG	10 I 1 PolG	3 I SOG	11 SOG	13 SOG

11 SOG	8 I PolG	14 I OBG	9 I POG	8 I PolG	3 I PolG	13 SOG	174, 176 LVwG	12 I PAG	5 I OBG

Für das BKA gilt für die Generalklausel in § 38 BKAG n.F. (§ 20a BKAG a.F.). Eine eingeschränkte Generalklausel findet sich auch in Art. 7 Abs. 2 BayLStVG.

In den meisten Ländern ermächtigt die Generalklausel unmittelbar zum Erlass von Verwaltungsakten (z.B. Art. 11 Abs. 1 BayPAG, § 17 Abs. 1 ASOG Bln, § 11 HSOG, § 8 Abs. 1 PolG NRW, § 9 Abs. 1 POG RP). In einigen Ländern umschreibt die Generalklausel nur allgemein den Aufgabenbereich der Gefahrenabwehr. Eine weitere Vorschrift bestimmt dann, dass diese Aufgaben (auch) durch Erlass eines Verwaltungsakts wahrgenommen werden können. Ermächtigungsgrundlage ist dann die Generalklausel i.V.m. der Verfügungsermächtigung (z.B. §§ 1, 3 PolG BW, §§ 174, 176 LVwG SH).

aa) Öffentliche Sicherheit

Schutzgüter der öffentlichen Sicherheit

Schutzgüter der öffentlichen Sicherheit sind

- die **Unverletzlichkeit der Rechtsordnung**,
- die **Individualrechtsgüter** des Einzelnen
- sowie der **Bestand des Staates** und seiner **Einrichtungen**.

Vgl. auch die Legaldefinition in § 2 Nr. 2 BremPolG, § 3 Nr. 1 SOG LSA, § 54 Nr. 1 Thür OBG.

(1) Unverletzlichkeit der Rechtsordnung

Unverletzlichkeit der Rechtsordnung

Die Unverletzlichkeit der Rechtsordnung zielt auf die Wahrung des geltenden Rechts. Ein **drohender Gesetzesverstoß** begründet daher eine Gefahr für die öffentliche Sicherheit. Im Vordergrund stehen Vorschriften, aus denen sich **Verhaltenspflichten** für den Bürger ergeben.

Beispiele: Verstoß gegen Verbote und Gebote im Straßenverkehrsrecht (z.B. §§ 32 Abs. 1, 41 Abs. 1 StVO). Besondere Bedeutung hat die Verhinderung von Straftaten oder Ordnungswidrigkeiten.

(2) Individualrechtsgüter des Einzelnen

Individualrechtsgüter des Einzelnen

Zu den Individualrechtsgütern des Einzelnen zählen insbes. Leben, Gesundheit, Freiheit, Eigentum, vermögenswerte Rechte sowie das allgemeine Persönlichkeitsrecht aus Art. 2 Abs. 1 i.V.m. Art. 1 Abs. 1 GG. Die öffentliche Sicherheit ist gefährdet, wenn **Rechtsverletzungen drohen**. Voraussetzung ist allerdings, dass hierdurch **öffentliche** Interessen berührt werden.

Eine Selbstgefährdung (z.B. bei Risikosportlern) stellt daher im Hinblick auf das von Art. 2 Abs. 1 GG geschützte Selbstbestimmungsrecht i.d.R. keinen Verstoß gegen die „öffentliche" Sicherheit dar, solange nicht andere in Mitleidenschaft gezogen oder der Betroffene mangels freier Willensbildung vor sich selbst geschützt werden muss. Bei drohendem Selbstmord kollidiert das Selbstbestimmungsrecht des Betroffenen (Art. 2 Abs. 1 GG) mit der Schutzpflicht des Staates für das menschliche Leben (Art. 2 Abs. 2 S. 1 GG), weshalb überwiegend eine Gefahr für die öffentliche Sicherheit bejaht wird.

Zum Schutz privater Rechte kann im Übrigen bereits die Zuständigkeit der Gefahrenabwehrbehörden fehlen, da hierfür vorrangig die Zivilgerichte zuständig sind (**Subsidiaritätsprinzip**, s.o. S. 26). Das Subsidiaritätsprinzip gilt allerdings nur, wenn **ausschließlich** private Rechte gefährdet werden.

Subsidiarität beim Schutz privater Rechte

Gegenbeispiel: Bei einem Verstoß gegen das private Hausrecht droht i.d.R. zugleich eine Straftat nach § 123 StGB (vgl. OLG Hamm RÜ 2016, 395, 397).

(3) Bestand des Staates und seiner Einrichtungen

Der Schutz der öffentlichen Sicherheit erstreckt sich auch auf den **Bestand** des Staates, seiner **Einrichtungen** sowie deren **Funktionsfähigkeit**. Geschützt sind alle Hoheitsträger einschließlich ihrer Organe (Behörden u.a.) sowie die ihnen zugeordneten Einrichtungen (Dienstgebäude, Obdachlosenunterkünfte). Zur Funktionsfähigkeit staatlicher Einrichtungen gehören auch die von vom Staat durchgeführten Veranstaltungen (z.B. Staatsbesuche, Polizeieinsätze).

Bestand des Staates, seiner Einrichtungen und deren Funktionsfähigkeit

Beispiele: Störung eines Großen Zapfenstreiches der Bundeswehr, Warnung vor polizeilicher Radarfalle, Sicherung eines Polizeieinsatzes.

bb) Öffentliche Ordnung

Die öffentliche Ordnung ist die Gesamtheit der **ungeschriebenen Verhaltensregeln**, deren Beachtung nach den jeweils herrschenden sozialen und ethischen Anschauungen unerlässliche Voraussetzung für ein geordnetes menschliches Zusammenleben ist.

Öffentliche Ordnung = ungeschriebene soziale und ethische Verhaltensregeln

Das Schutzgut der öffentlichen Ordnung als ungeschriebene Ordnungsvorstellungen ist seit jeher Kritik ausgesetzt. Die Mehrheit dürfe der Minderheit nicht ihre Sozialnormen für das Zusammenleben aufzwingen. Außerdem sei der Begriff zu **unbestimmt**. Deshalb haben einige Länder in ihren Polizeigesetzen auf die öffentliche Ordnung als Schutzgut ausdrücklich verzichtet (z.B. Brem, SH).

Die h.M. verweist auf die dem Begriff zukommende **Reservefunktion** in Fällen, die der Gesetzgeber bisher nicht geregelt hat. Auch sei der Begriff nach Inhalt, Zweck und Ausmaß hinreichend präzisiert, in seiner Bedeutung durch die Rspr. geklärt und im juristischen Sprachgebrauch verfestigt. Wo die öffentliche Ordnung Bestandteil der Generalklausel ist, handelt es sich um geltendes Recht (vgl. auch § 15 Abs. 1 VersG). Aufgrund der weitgehenden Normierung aller Lebensbereiche ist die praktische Bedeutung allerdings gering.

Verfassungsmäßigkeit

Beispiele: Gefahr für die öffentliche Ordnung durch paramilitärische Versammlungen (Einschüchterung), durch nacktes Auftreten in der Öffentlichkeit, durch aggressives Betteln, Spiele mit simulierten Tötungshandlungen (Laserdrome).

cc) Gefahr

Gefahr = hinreichende Wahrscheinlichkeit eines Schadenseintritts in absehbarer Zeit

Eine Gefahr im polizei-/ordnungsrechtlichen Sinne liegt vor, wenn die **hinreichende Wahrscheinlichkeit** besteht, dass in **absehbarer Zeit** ein **Schaden für ein Schutzgut** der öffentlichen Sicherheit oder Ordnung eintreten wird.

Einige Polizeigesetze enthalten eine Legaldefinition des Gefahrenbegriffs (z.B. § 3 Abs. 3 Nr. 1 SOG M-V, § 2 Nr. 1 a NdsSOG, § 3 Nr. 3a SOG LSA, § 54 Nr. 3a ThürOBG). Einige Länder kennen darüber hinaus den Begriff der **Störung**, d.h. eine Situation, in der ein Schaden bereits eingetreten ist (z.B. § 1 Abs. 1 S. 1 PolG BW, § 176 Abs. 1 Nr. 1 LVwG SH).

Schaden, nicht nur bloße Nachteile oder Belästigungen

(1) Ein **Schaden** setzt eine nicht ganz unerhebliche Beeinträchtigung voraus und ist von bloßen Nachteilen oder Belästigungen zu unterscheiden, die für eine Polizei-/Ordnungsverfügung grundsätzlich nicht ausreichen.

Etwas anderes gilt nur dann, wenn nach einem Spezialgesetz (erhebliche) Nachteile oder Belästigungen als Eingriffsvoraussetzung ausdrücklich genannt sind (vgl. z.B. § 3 Abs. 1 BImSchG).

Erhebliche Gefahr = Gefahr für besonders wichtige Rechtsgüter

Umgekehrt können Spezialnormen höhere Anforderungen an die drohende Rechtsgutsverletzung stellen, so z.B. wenn eine **erhebliche** Gefahr (z.B. in § 20 Abs. 1 Nr. 1 BPolG) oder eine Gefahr für **besonders wichtige** Rechtsgüter gefordert wird (z.B. für Leib oder Leben nach § 39 Abs. 1 Nr. 1 BPolG).

Relativer Wahrscheinlichkeitsmaßstab

(2) Der **Grad der Wahrscheinlichkeit** des Schadenseintritts ist abhängig von der Bedeutung des bedrohten Schutzgutes und von der Schwere des Eingriffs. Je bedeutsamer das polizeiliche Schutzgut ist, desto geringere Anforderungen bestehen an die Schadenswahrscheinlichkeit, je bedeutsamer die Rechte sind, in die eingegriffen wird, desto höhere Anforderungen bestehen (relativer Wahrscheinlichkeitsmaßstab).

Beispiel: Droht ein Schaden für Leben oder Gesundheit, so genügt bereits eine geringe Schadenswahrscheinlichkeit. Sind die Rechte des Störers von besonderer Bedeutung (z.B. die Grundrechte aus Art. 5 Abs. 1, 8 Abs. 1 GG), so erhöht dies die Anforderungen an die Schadenswahrscheinlichkeit (BVerwG RÜ 2012, 536, 539); a.A. ein Teil der Lit., wonach es nur auf den drohenden Schaden und nicht auf die Schwere des Eingriffs ankommt.

Ex ante Beurteilung

(3) Für die Feststellung der Gefahr kommt es auf die Sichtweise **ex ante** an, d.h. auf den Zeitpunkt des Einschreitens. Bei Erlass der Polizei-/Ordnungsverfügung muss der Schadenseintritt **hinreichend wahrscheinlich** sein. Der Annahme einer Gefahr steht es daher nicht entgegen, wenn der Schaden später (z.B. aufgrund besonderer Umstände) nicht eintritt. Unerheblich ist auch, wann der Schaden eintritt. Es muss nur mit dem Schadenseintritt **in absehbarer Zeit** zu rechnen sein.

Besonderheiten gelten, wenn das Gesetz eine **unmittelbare** oder **gegenwärtige Gefahr** voraussetzt.

Vgl. z.B. die gegenwärtige Gefahr bei der Sicherstellung (§ 47 Nr. 1 BPolG) oder die unmittelbare Gefahr beim Versammlungsverbot (§ 15 Abs. 1 VersG).

Gegenwärtige Gefahr

Bei einer **gegenwärtigen** (unmittelbaren) **Gefahr** hat die Einwirkung des schädigenden Ereignisses **bereits begonnen** oder mit dem Schadenseintritt ist **in allernächster Zeit mit an Sicherheit grenzender Wahrscheinlichkeit** zu rechnen.

Dringende Gefahr = gegenwärtige erhebliche Gefahr

In einigen Vorschriften wird der zeitliche und der qualitative Aspekt kumuliert, vgl. z.B. die **gegenwärtige erhebliche Gefahr** bei der Inanspruchnahme nicht verantwortlicher Personen nach § 20 Abs. 1 Nr. 1 BPolG. Auch die **dringende Gefahr** beim Betreten von Wohnungen (z.B. § 45 Abs. 4 BPolG, Art. 13 Abs. 7 GG) wird in diesem Sinne verstanden.

- Polizei-/Ordnungsverfügung zur Abwehr einer **konkreten** Gefahr
- Gefahrenabwehrverordnung zur Abwehr einer **abstrakten** Gefahr

(3) Voraussetzung für eine Polizei-/Ordnungsverfügung ist stets eine **konkrete Gefahr** („im Einzelfall"). Der Anlass für die Maßnahme muss sich stets aus einem konkreten nach Ort und Zeit bestimmten oder bestimmbaren Sachverhalt ergeben. Gegenbegriff ist die **abstrakte Gefahr**, d.h. ein Sachverhalt, bei dem nicht konkret, sondern nur **nach allgemeiner Lebenserfahrung typischerweise** mit hinreichender Wahrscheinlichkeit mit einem Schaden für ein Schutzgut der öffentlichen Sicherheit zu rechnen ist.

Während für die Polizei-/Ordnungsverfügung eine konkrete Gefahr erforderlich ist, reicht für den Erlass einer Gefahrenabwehrverordnung eine abstrakte Gefahr aus (s.u. S. 98).

dd) Besondere Gefahrenarten

Grundsätzlich ermöglichen die polizeilichen Befugnisnormen Eingriffsmaßnahmen nur bei **tatsächlichem** Vorliegen einer konkreten Gefahr. Hiervon wird in Ausnahmefällen abgewichen, da eine effektive Gefahrenabwehr nur nach dem Sach- und Erkenntnisstand erfolgen kann, der im Zeitpunkt der Eingriffsmaßnahme besteht (ex ante).

Bei bestimmten Standardmaßnahmen reichen bereits Tatsachen aus, die die Annahme einer Gefahrensituation rechtfertigen (z.B. die Identitätsfeststellung nach § 23 Abs. 1 Nr. 4 BPolG).

(1) Anscheinsgefahr

Anscheinsgefahr: objektive Anhaltspunkte lassen zwingend den Schluss auf das Vorliegen einer Gefahr zu

Bei der **Anscheinsgefahr** bestehen objektive Anhaltspunkte, die zwingend den Schluss auf das Vorliegen einer Gefahr zulassen, obwohl sich im Nachhinein herausstellt, dass eine Gefahr tatsächlich nicht bestanden hat.

Beispiel: Bei einer Bombendrohung stellt sich im Nachhinein heraus, dass der abgestellte Koffer leer ist.

Durfte ein **objektiver Beobachter** aufgrund der **objektiven Sachlage ex ante** vom Vorliegen einer Gefahr ausgehen, ist das behördliche Einschreiten von der Ermächtigungsgrundlage gedeckt, auch wenn sich der Zustand **ex post** als ungefährlich herausstellt.

Da es für die Gefahr und damit für die Rechtmäßigkeit des Eingriffs stets auf eine ex-ante-Sicht ankommt, ist die Anscheinsgefahr daher letztlich eine ganz normale Gefahr, allerdings ergeben sich Besonderheiten, wenn es um die Folgen des Einschreitens (Kosten) geht (sog. Sekundärebene), dazu unten S. 132.

(2) Gefahrenverdacht

Gefahrenverdacht: trotz objektiver Anhaltspunkte bestehen Zweifel am Vorliegen einer Gefahr

Bestehen zwar objektive Anhaltspunkte für eine Gefahr, kann aber ihr Vorliegen ex ante **nicht definitiv** festgestellt werden, spricht man von einem **Gefahrenverdacht**. Für den objektiven Beobachter bestehen trotz objektiver Anhaltspunkte **Zweifel** am Vorliegen einer Gefahr. Auch in diesem Fall bejaht die h.M. eine Gefahr, die zum Einschreiten berechtigt, allerdings ist das Einschreiten aus Gründen der Verhältnismäßigkeit auf Maßnahmen beschränkt, die der Aufklärung dienen, ob tatsächlich eine Gefahr besteht (sog. **Gefahrerforschungsmaßnahmen**).

Beispiel: Aufgrund von früheren Ausschreitungen bestehen Anhaltspunkte für weitere Gewalttätigkeiten, ohne dass dies allerdings sicher ist. Die Polizei kann unter Beachtung des Grundsatzes der Verhältnismäßigkeit Luftbilder zur Lagebeurteilung anfertigen (BVerwG RÜ 2018, 243, 250). Nach der Gegenansicht liegt keine Gefahr vor und Eingriffsmaßnahmen sind nur zulässig, wenn das Gesetz dies ausdrücklich zulässt.

Maßnahmen im Vorfeld einer „drohenden" Gefahr

Teilweise finden sich in den Polizeigesetzen weitergehende Regelungen, so z.B. die „drohende" Gefahr in Art. 11 Abs. 3 BayPAG. Danach können – soweit gesetzlich vorgesehen – im **Vorfeld einer Gefahr** neben Maßnahmen der Sachverhaltsaufklärung auch Maßnahmen zur Abwehr der (weiteren) **Entstehung einer Gefahr** getroffen werden, wenn Angriffe von erheblicher Intensität oder Auswirkung auf bedeutende Rechtsgüter zu erwarten sind, z.B. bei Vorbereitungshandlungen von sog. Gefährdern.

(3) Scheingefahr

Scheingefahr (Putativgefahr): subjektiver Irrtum des handelnden Beamten

Beruht die Annahme der Gefahr dagegen nicht auf objektiven Anhaltspunkten, sondern lediglich auf einem **Irrtum des handelnden Beamten** (Putativ- oder Scheingefahr), fehlt es an einer Gefahr. Bei einer **Scheingefahr** ist jede behördliche Maßnahme **rechtswidrig**, auch wenn sie nur der Aufklärung dient. Dem Betroffenen stehen ggf. Schadensersatzansprüche zu (z.B. aus Amtshaftung gemäß § 839 BGB, Art. 34 GG oder speziellen polizeirechtlichen Vorschriften, s.u. S. 127).

1. Nennen Sie die Schutzgüter der öffentlichen Sicherheit!	**1.** Schutzgüter der öffentlichen Sicherheit sind ■ die Unverletzlichkeit der Rechtsordnung ■ die Individualrechtsgüter des Einzelnen und ■ der Bestand des Staates und seiner Einrichtungen.
2. Was versteht man unter der öffentlichen Ordnung?	**2.** Die öffentliche Ordnung ist die Gesamtheit der ungeschriebenen Regeln, deren Befolgung nach den jeweils herrschenden sozialen und ethischen Anschauungen unerlässliche Voraussetzung für ein geordnetes menschliches Zusammenleben ist.
3. Wann liegt eine Gefahr im polizeirechtlichen Sinne vor?	**3.** Eine Gefahr im polizeirechtlichen Sinne liegt vor, wenn die hinreichende Wahrscheinlichkeit besteht, dass in absehbarer Zeit ein (nicht unerheblicher) Schaden für ein Schutzgut der öffentlichen Sicherheit oder Ordnung eintreten wird.
4. Wann liegt eine gegenwärtige (unmittelbare) Gefahr vor?	**4.** Eine Gefahr ist gegenwärtig (unmittelbar), wenn das schädigende Ereignis bereits begonnen hat oder unmittelbar mit an Sicherheit grenzender Wahrscheinlichkeit bevorsteht.
5. Was versteht man unter einer erheblichen Gefahr?	**5.** Bei einer erheblichen Gefahr muss ein Schaden für besonders bedeutsame Rechtsgüter drohen, wie Leben, Gesundheit, Freiheit, wesentliche Vermögenswerte oder den Bestand des Staates.
6. Wann liegt eine dringende Gefahr vor?	**6.** Die dringende Gefahr entspricht der unmittelbaren erheblichen Gefahr: Es muss eine gegenwärtige Gefahr für besonders bedeutsame Schutzgüter wie Leib, Leben oder Freiheit bestehen.
7. Was versteht man unter einer Anscheinsgefahr?	**7.** Bei der Anscheinsgefahr bestehen objektive Anhaltspunkte, die zwingend den Schluss auf das Vorliegen einer Gefahr zulassen, obwohl sich im Nachhinein herausstellt, dass eine Gefahr tatsächlich nicht bestanden hat.
8. Was ist ein Gefahrenverdacht?	**8.** Von einem Gefahrenverdacht spricht man, wenn zwar objektive Anhaltspunkte für eine Gefahr bestehen, diese aber nicht definitiv festgestellt werden kann.
9. Was ist eine Scheingefahr (auch Putativgefahr)?	**7.** Bei der Scheingefahr (Putativgefahr) bestehen objektiv keine Anhaltspunkte für eine Gefahr, deren Annahme beruht vielmehr allein auf einem Irrtum des handelnden Beamten.

2. Adressat

Liegt eine Gefahr vor, so darf die Behörde den Bürger nur in Anspruch nehmen, wenn dieser für die Gefahr verantwortlich ist. An welche Person ein Verwaltungsakt zu richten ist, ist teilweise bereits in der **Ermächtigungsgrundlage** festgelegt (z.B. § 35 Abs. 1 GewO „Gewerbetreibender" oder § 20 Abs. 1 BImSchG „Betreiber der Anlage"). Darüber hinaus finden sich **spezielle Adressatenregelungen** z.B. im Bodenschutzrecht (§ 4 Abs. 3 BBodSchG).

Im allgemeinen Polizei- und Ordnungsrecht sind Adressaten

- der **Verhaltensstörer**,
- der **Zustandsstörer** und
- ggf. der **Nichtstörer**.

a) Verhaltensstörer

aa) Begriff

Verhaltensstörer: Tun oder Unterlassen

Verhaltensstörer ist die (natürliche oder juristische) Person, durch deren **Verhalten** (positives Tun oder Unterlassen) die Gefahr verursacht wird (§ 17 Abs. 1 BPolG). Ein Unterlassen ist polizeirechtlich nur relevant, wenn eine öffentlich-rechtliche Pflicht zum Handeln besteht (sog. **qualifiziertes Unterlassen**). Verhaltensstörer kann auch derjenige sein, der für das **Verhalten anderer** verantwortlich ist, z.B. der Aufsichtspflichtige bei Kindern (§ 17 Abs. 2 BPolG) oder der Geschäftsherr für den Verrichtungsgehilfen (§ 17 Abs. 3 BPolG).

***Beachte:** Anders als im Zivilrecht (§ 831 Abs. 1 S. 2 BGB) gibt es im POR nicht die Möglichkeit der Exkulpation!*

17 BPolG	6 PolG	7 PAG	13 ASOG	5 PolG	5 PolG	8 SOG	6 SOG	69 SOG	6 SOG

4 PolG	4 POG	4 PolG	4 PolG	7 SOG	218 LVwG	7 PAG

Vergleichbare Regelungen finden sich in Art. 9 Abs. 1 BayLStVG, § 16 Bbg OBG, § 17 OBG NRW, § 10 ThürOBG.

bb) Verursachung

Verschuldensunabhängig

Anknüpfungspunkt für die Verhaltenshaftung ist nur die **Verursachung** der Gefahr. Ein **Verschulden** (wie im Zivilrecht oder Strafrecht) ist **nicht erforderlich**. Ebenso ist die kausale Verknüpfung für die Ordnungspflicht grds. unbeachtlich. Es kommt daher nicht darauf an, warum der Störer die störende Handlung vorgenommen hat oder aufgrund welcher Umstände die Gefahr eingetreten ist.

Adäquanztheorie und Äquivalenztheorie gelten nicht

(1) Einschränkungen wie sie im Zivilrecht durch die **Adäquanztheorie** vorgenommen werden, gelten im Polizei- und Ordnungsrecht nicht, da hier auch unvorhergesehene Gefahren abgewehrt werden müssen. Ebenso ist die **Äquivalenztheorie** ungeeignet, da diese auch die entferntesten Ursachen erfassen würde, durch deren Hinwegdenken die Gefahr entfiele. Anders als im Strafrecht gibt es im Polizei-/Ordnungsrecht aber nicht das Korrektiv des Verschuldens.

Rechtswidrigkeitstheorie

(2) In der Lit. wird deshalb teilweise auf die Rechtswidrigkeit der Ursache abgestellt **(Rechtswidrigkeitstheorie)**. Ordnungspflichtig sei derjenige, der die Grenzen der Rechtsordnung überschreite. Diese ergäben sich insbesondere aus den §§ 903 ff. BGB, aus öffentlich-rechtlichen Normen und öffentlich-rechtlichen Genehmigungen. Dies führt jedoch zu einem Zirkelschluss, weil i.d.R. erst die Tatsache der Störung die Rechtswidrigkeit begründet.

Theorie der unmittelbaren Verursachung

(3) Nach h.M. ist nur derjenige Störer, der durch sein Verhalten die Gefahrengrenze unmittelbar überschreitet **(Theorie der unmittelbaren Verursachung)**. Regelmäßig ist dies die letzte Ursache. Erst diese überschreitet die Gefahrengrenze, führt unmittelbar zur Gefahr und begründet damit die Ordnungspflicht. Mittelbare Ursachen sind dagegen ordnungsrechtlich grds. unbeachtlich.

Beispiel: Zu der Melodie eines harmlosen Liedes singen Personen einen ausländerfeindlichen Text (Borkumliedfall). Das Spielen der Melodie verursacht zwar den Gesang und dieser die Störung. Störer sind aber nur die Sänger, da sie die Gefahrengrenze unmittelbar überschreiten.

Zweckveranlasser

(4) Ausnahmsweise können auch **mittelbare Ursachen** unterhalb der Gefahrengrenze die Ordnungspflicht begründen. Anerkannt ist dies vor allem für den sog. **Zweckveranlasser**, wenn die mittelbare Ursache auf die Herbeiführung der Gefahr gerichtet ist.

Finalität

Umstritten ist allerdings, ob zur Bestimmung des Zweckveranlassers objektive oder subjektive Kriterien heranzuziehen sind. Überwiegend wird nur derjenige als Zweckveranlasser angesehen, der die Gefahr **subjektiv bezweckt**, also final herbeiführen will.

Beispiel: Kaufmann K stellt bewegliche Puppen in sein Schaufenster, um die Aufmerksamkeit des Publikums auf sein Geschäft zu lenken. Aufgrund der dadurch bewirkten Ansammlung kommt es zu Verkehrsbeeinträchtigungen (Schaufensterpuppenfall). Die Betrachter des Schaufensters sind Verhaltensstörer, da sie die Gefahrengrenze überschreiten, aber auch K, der die Ansammlung bezweckt.

Objektiv gefahrerhöhende Umstände

Nach der Gegenansicht soll es für eine Zweckveranlassung bereits ausreichen, dass **objektiv gefahrerhöhende Risiken** geschaffen werden.

Beispiel: Rechtsradikale Versammlung als Zweckveranlasser für Gegengewalt oder Wahl eines „vorbelasteten" Versammlungsorts als Zweckveranlassung.

Zwar trifft es zu, dass im Interesse einer wirksamen Gefahrenabwehr grds. nicht auf die Kenntnis und den Willen des Verursachers abgestellt werden kann. Eine Zweckveranlassung wird man aber nur annehmen können, wenn das Verhalten, das die Störung durch Dritte auslöst, im Sinne einer **natürlichen Einheit** in einem untrennbaren Zusammenhang mit der Störung steht und sie somit **zwangsläufig verursacht** (OVG NRW RÜ 2018, 46, 49).

Beispiel: Würde man die Durchführung einer (gefahrgeneigten) Versammlung als Zweckveranlassung für eine gewaltsame Gegendemonstration ausreichen lassen, könnten die unmittelbaren Störer (die Gegendemonstranten) jede friedliche Versammlung allein durch ihr Auftreten zum Zweckveranlasser machen, was mit der Garantie des Art. 8 GG unvereinbar wäre.

b) Zustandsstörer

aa) Begriff

Zustandsstörer: Eigentümer und Inhaber der tatsächlichen Gewalt

Als Zustandsstörer verantwortlich sind der **Eigentümer** und der **Inhaber der tatsächlichen Gewalt** (unmittelbarer Besitzer, Besitzdiener), wenn von einem Tier oder vom Zustand einer Sache eine Gefahr ausgeht (§ 18 Abs. 1 u. Abs. 2 BPolG). Übt der Besitzer den Besitz gegen den Willen des Eigentümers oder sonstigen Berechtigten aus, so ist der Eigentümer nicht ordnungspflichtig (§ 18 Abs. 2 S. 2 BPolG). Geht die Gefahr von einer herrenlose Sache aus, so ist derjenige ordnungspflichtig, der das Eigentum an der Sache aufgegeben hat (§ 18 Abs. 3 BPolG). Aufgrund der Sozialbindung des Eigentums (Art. 14 Abs. 2 GG) bleibt im Fall der **Dereliktion** (§§ 928, 959 BGB) der bisherige Eigentümer ordnungspflichtig.

18 BPolG	7 PolG	8 PAG	14 ASOG	6 PolG	6 PolG	9 SOG	7 SOG	70 SOG	7 SOG

5 PolG	5 POG	5 PolG	5 PolG	8 SOG	219 LVwG	8 PAG

Vergleichbare Regelungen finden sich in Art. 9 Abs. 2 BayLStVG, § 17 Bbg OBG, § 18 OBG NRW, § 11 ThürOBG.

bb) Verursachung

Grundsätzlich muss die Gefahr durch den Zustand einer Sache (oder durch ein Tier) **unmittelbar verursacht** werden. Reicht der Zustand der Sache allein nicht aus, um die Störung zu bewirken, so ist die mittelbare Verursachung grds. unbeachtlich.

Unmittelbare Verursachung durch den Zustand einer Sache bzw. durch ein Tier

Beispiel: Das Grundstück des E ist vor Jahrzehnten zulässigerweise mit einer Tankstelle bebaut worden. Aufgrund des erheblichen Verkehrsanstiegs kommt es zu Unfällen durch Sichtbehinderung (Tankstellenfall). Die Tankstelle überschreitet allein die Gefahrengrenze nicht.

Etwas anderes gilt für den sog. **latenten Störer**. Führen mehrere Ursachen zur Gefahr, ist unmittelbar störende Ursache diejenige, die von Anfang an (latent) eine **erhöhte Gefahrentendenz** auswies.

Latenter Störer: von Anfang an erhöhte Gefahrentendenz

Beispiele: A bricht sein Haus ab. Dadurch wird der grob verunstaltete Giebel des Nachbarhauses sichtbar (Westgiebelfall). Nachbar N ist ordnungspflichtig.

S betreibt im Außenbereich eine Schweinemästerei. Aufgrund heranrückender Bebauung sind die Wohnhäuser erheblichen Geruchsimmissionen ausgesetzt (Schweinemästerfall). S ist von Anfang an latenter Störer und daher ordnungspflichtig (heute spezialgesetzlich nach BImSchG).

cc) Zumutbarkeit

Lange Zeit umstritten war die Frage, ob die Verantwortlichkeit des Eigentümers einzuschränken ist, wenn er sich – wie häufig in sog. Altlastenfällen – selbst in einer **„Opfersituation"** befindet und die Haftung unzumutbar ist.

Keine Einschränkung der Haftung aus Gründen der Zumutbarkeit

Beispiel: E hat 2015 von V ein Grundstück erworben, das – was den Beteiligten unbekannt war – in den 1950er Jahren als Tankstelle genutzt worden war. Als E mit den Bauarbeiten für ein Gebäude beginnen will, stellt sich heraus, dass der Boden erheblich kontaminiert ist. Der damalige Betreiber der Tankstelle ist zwischenzeitlich verstorben.

Teilweise wurde angenommen, die Zustandshaftung gelte nicht für Gefahren, die in die **Risikosphäre der Allgemeinheit** fallen. Nach h.M. besteht dagegen grundsätzlich eine unbeschränkte Haftung, da für die ordnungsrechtliche Haftung kein Verschulden erforderlich ist, ebenso ist unerheblich, warum und wodurch das Eigentum sich in dem störenden Zustand befindet. Das BVerfG hat allerdings im Rahmen der **Verhältnismäßigkeit** einer Sanierungsverfügung bei Altlasten (§ 10 BBodSchG) Kriterien festgelegt, wann und in welcher Höhe ein Zustandsstörer zu den Sanierungskosten herangezogen werden darf (BVerfG RÜ 2000, 473).

Beschränkung der Kosten im Rahmen der Verhältnismäßigkeit

Unverhältnismäßig kann die Kostentragung z.B. sein, wenn die Gefahr durch Naturereignisse oder sonst der Allgemeinheit zuzurechnende Ursachen (z.B. Kriegsfolgen) hervorgerufen worden ist, anders wenn der Eigentümer das Risiko bewusst in Kauf genommen hat (z.B. Erwerb trotz Kenntnis der Altlast).

c) Anscheinsstörer

Anscheinsstörer bei Anscheinsgefahr

Der Begriff des Anscheinsstörers ist mit dem Begriff der **Anscheinsgefahr** verknüpft. Bestehen objektive Anhaltspunkte, die ex ante zwingend den Schluss auf das Vorliegen einer Gefahr zulassen, sind behördliche Maßnahmen auch dann zulässig, wenn sich im Nachhinein herausstellt, dass tatsächlich keine Gefahr vorgelegen hat (s.o. S. 35). **Anscheinsstörer** ist in diesen Fällen, wer den **Anschein der Gefahr objektiv verursacht** hat.

Beispiel: Jemand lässt einen Koffer unbeaufsichtigt am Bahnsteig stehen, wodurch der Anschein eines geplanten Bombenanschlags entsteht.

Anscheinsstörer bei tatsächlich vorliegender Gefahr

Dasselbe gilt für den Fall, dass **tatsächlich** eine Gefahr vorliegt und ex ante der **Anschein** besteht, dass der Inanspruchgenommene die Gefahr verursacht, sich im Nachhinein aber nicht als Störer erweist.

Beispiel: Aufgrund von verlässlichen Aussagen Dritter musste die Behörde davon ausgehen, dass A sich an zu erwartenden Ausschreitungen anlässlich des Staatsbesuchs eines ausländischen Staatsoberhaupts beteiligen wird. Ein gegen A gerichteter Platzverweis ist rechtmäßig, auch wenn sich im Nachhinein herausstellt, dass die Verdächtigungen unzutreffend waren.

Während früher teilweise nur derjenige als Anscheinsstörer angesehen wurde, der den Anschein der Gefahr oder den Anschein der Verursachung zu verantworten hatte, ist nach heute h.M. die Inanspruchnahme des Anscheinsstörers **in beiden Fällen rechtmäßig**. Dafür spricht, dass die Frage des Verschuldens für die Störereigenschaft unerheblich ist. Bei mangelnder Verantwortlichkeit kommt aber ggf. ein **Entschädigungsanspruch** in Betracht (s.u. S. 131).

d) Verdachtsstörer

Verdachtstörer bei Gefahrenverdacht oder Verursachungsverdacht

Der Verdachtsstörer ist Adressat eines Gefahrerforschungseingriffs bei einem **Gefahrenverdacht** (s.o. S. 36). In diesen Fällen ist neben der Frage, ob eine Gefahr vorliegt, zusätzlich unklar, wer für die mögliche Gefahr verantwortlich ist (doppelte Unsicherheit).

Dasselbe gilt beim sog. **Verursachungsverdacht**, bei dem objektiv eine Gefahr vorliegt und nur Unklarheit über die Verursachung und damit über die Person des Verantwortlichen besteht (auch subjektiver Gefahrenverdacht).

Teilweise wird der Verdachtsstörer als Nichtstörer behandelt. Dagegen spricht jedoch, dass eine effektive Gefahrenabwehr nur möglich ist, wenn Gefahrerforschungsmaßnahmen (auf der Primärebene) auch gegen den nur **möglicherweise Verantwortlichen** getroffen werden können. Verdachtsstörer ist also, wer durch sein Verhalten oder durch den Zustand seiner Sache, den Verdacht einer Gefahr oder den Verdacht der Verursachung hervorruft.

Auf der **Sekundärebene** haftet der Verdachtsstörer allerdings für die Kosten der Maßnahme nur, wenn er den Gefahrenverdacht zurechenbar verursacht hat (s.u. S. 132). Ist das nicht der Fall, hat er – wie der Nichtstörer – einen Entschädigungsanspruch (s.u. S. 131).

e) Nichtstörer

Nichtstörer bei Notstandspflicht

Kann ein (Verhaltens- oder Zustands-) Störer aus rechtlichen oder tatsächlichen Gründen zur Gefahrenabwehr nicht herangezogen werden, kann unter engen Voraussetzungen ein **Dritter** als Nichtstörer in Anspruch genommen werden (sog. Notstandspflicht), § 20 Abs. 1 BPolG.

20 BPolG	9 PolG	10 PAG	16 ASOG	7 PolG	7 PolG	10 SOG	9 SOG	71 SOG	8 SOG
6 PolG	7 POG	6 PolG	7 PolG	10 SOG	220 LVwG	10 PAG			

Vergleichbare Regelungen finden sich in Art. 9 Abs. 3 BayLStVG, § 18 Bbg OBG, § 19 OBG NRW, § 13 ThürOBG.

aa) Anwendbarkeit

Spezialregelungen, insbes. bei Standardmaßnahmen

Die Regelungen über den polizeilichen Notstand sind **nicht anwendbar**, wenn und soweit die Inanspruchnahme Dritter **spezialgesetzlich** geregelt ist. Dies gilt vor allem für bestimmte Standardmaßnahmen, die eine spezielle Adressatenrichtung aufweisen.

Beispiel: Observation von Kontakt- oder Begleitpersonen (§ 28 Abs. 1 S. 1 Nr. 2 i.V.m. § 21 Abs. 2 Nr. 2 BPolG), Betreten und Durchsuchung von Wohnungen beim Wohnungsinhaber (§ 45 Abs. 1 BPolG).

bb) Voraussetzungen

Voraussetzungen der Notstandspflicht

Die Inanspruchnahme des Nichtstörers setzt voraus, dass

- eine **gegenwärtige erhebliche Gefahr** abzuwehren ist,
- Maßnahmen gegen den/die Störer **nicht oder nicht rechtzeitig** möglich sind oder **keinen Erfolg** versprechen,
- die **Behörde** die Gefahr **nicht oder nicht rechtzeitig selbst** oder durch Beauftragte abwehren kann und
- der Dritte **ohne erhebliche eigene Gefährdung** und **ohne Verletzung höherwertiger Pflichten** in Anspruch genommen werden kann.

Beispiele: Beschlagnahme von Wohnraum zur Unterbringung von Obdachlosen oder Flüchtlingen (NdsOVG RÜ 2016, 116, 120 f.), Verbot einer Versammlung, um gewalttätige Auseinandersetzungen mit einer Gegendemonstration zu verhindern (VGH BW RÜ 2016, 189).

Qualifizierte Gefahr

(1) Die Inanspruchnahme eines Nichtstörers ist nur in **besonderen Gefahrensituationen** rechtmäßig. Zumeist fordern die Polizeigesetze eine gegenwärtige erhebliche Gefahr, in einigen Ländern reicht eine unmittelbare Gefahr (z.B. BW, Hbg, Sachs).

- **Gegenwärtig** ist die Gefahr, wenn das schädigende Ereignis bereits begonnen hat oder mit dem Schadenseintritt in allernächster Zeit mit an Sicherheit grenzender Wahrscheinlichkeit zu rechnen ist (ebenso die unmittelbare Gefahr).
- **Erheblich** ist die Gefahr, wenn besonders wichtige Rechtsgüter betroffen sind (z.B. Leben, Gesundheit, Bestand des Staates).

Subsidiarität gegenüber dem Störer

(2) Die Inanspruchnahme des Nichtstörers ist **subsidiär** gegenüber der Inanspruchnahme des (Verhaltens- oder Zustands-)**Störers**. Voraussetzung ist daher, dass Maßnahmen gegen den/die Störer nicht oder nicht rechtzeitig möglich sind oder keinen Erfolg versprechen.

Beispiel: Das Verbot einer friedlichen Versammlung ist grds. nur zulässig, wenn Maßnahmen gegen eine gewalttätige Gegendemonstration zur Gefahrenabwehr nicht ausreichen (VGH BW RÜ 2016, 189, 193). Dasselbe gilt, wenn durch Maßnahmen gegen den Störer ein Schaden herbeigeführt würde, der erkennbar außer Verhältnis zu dem beabsichtigten Erfolg steht (sog. unechter Notstand, vgl. z.B. ausdrücklich § 9 Abs. 1 PolG BW, § 7 Abs. 1 Nr. 2 SächsPolG).

Keine andere Abwehrmöglichkeit

(3) Aufgrund des Ausnahmecharakters der Notstandspflicht ist des Weiteren Voraussetzung, dass die Gefahr auf anderem Weise **nicht oder nicht rechtzeitig abgewehrt** werden kann, insbes. durch die Behörde selbst oder durch Beauftragte.

Beispiel: Bevor die Behörde einen Nichtstörer in Anspruch nehmen darf, müssen andere Behörden um Amts- und Vollzugshilfe ersucht werden (z.B. Polizeikräfte anderer Bundesländer).

Keine Überforderung des Nichtstörers

(4) Dritte dürfen als Nichtstörer nur in Anspruch genommen werden, wenn dies ohne erhebliche eigene Gefährdung und ohne Verletzung höherwertiger Pflichten möglich ist. Eine **erhebliche eigene Gefährdung** liegt z.B. vor, wenn Leben oder Gesundheit des Dritten in Gefahr geraten würden. Mit **höherwertigen Pflichten** sind Pflichten zum Schutz wichtiger Rechtsgüter gemeint. Insoweit hat eine Abwägung zwischen den kollidierenden Rechtsgütern zu erfolgen („höherwertig").

Beispiel: Eine Inanspruchnahme des Eigentums des Dritten ist zulässig, um das Leben einer Person zu schützen. Dagegen ist eine Abwägung „Leben gegen Leben" im Hinblick auf die Menschenwürde (Art. 1 Abs. 1 GG) unzulässig.

cc) Rechtsfolge

Ermessen bei Notstandspflicht

(1) Liegen die Voraussetzungen der Notstandspflicht vor, „können" Maßnahmen gegen den Nichtstörer gerichtet werden. Die Inanspruchnahme des Dritten steht damit im **Ermessen** der Behörde. Aufgrund der engen Voraussetzungen der Notstandspflicht scheidet eine zusätzliche Ermessensausübung bzgl. des „Ob" der Inanspruchnahme i.d.R. jedoch aus (sog. **intendiertes Ermessen**). Lediglich bzgl. des „Wie" der Inanspruchnahme muss die Behörde ihr Ermessen fehlerfrei ausüben. Bedeutung hat dies vor allem, wenn mehrere Personen als Notstandspflichtige in Betracht kommen (sog. **Auswahlermessen**, dazu unten S. 53).

Entschädigung des Notstandspflichtigen

(2) Da der Notstandspflichtige ein Sonderopfer für die Allgemeinheit erbringt, hat er i.d.R. einen **Anspruch auf Entschädigung** (vgl. § 51 Abs. 1 Nr. 1 BPolG, näher unten S. 129).

f) Rechtsnachfolge in die Ordnungspflicht

Rechtsnachfolge
- in die durch VA **konkretisierte** Ordnungspflicht
- in die **abstrakte** Ordnungspflicht

Stirbt eine natürliche Person oder erlischt eine juristische Person, so kann sie nicht mehr Störer sein. In der Praxis (und in der Klausur) stellt sich dann häufig die Frage, ob die **Ordnungspflicht** auf den Rechtsnachfolger (z.B. den/die Erben) **übergeht**.

Zu unterscheiden sind hierbei

- die Rechtsnachfolge in die durch eine bereits erlassene Polizei-/Ordnungsverfügung **konkretisierte** Ordnungspflicht und
- die Rechtsnachfolge in die **abstrakte** Ordnungspflicht.

aa) Konkretisierte Ordnungspflicht

Zumeist geht es um die Frage, ob eine bereits erlassene Ordnungsverfügung gegen den Rechtsnachfolger wirkt oder ob die Behörde gegen den Rechtsnachfolger eine neue Verfügung erlassen muss.

Beispiel: Die Baubehörde hat gegen Eigentümer E eine Beseitigungsverfügung erlassen. Bevor die Verfügung umgesetzt worden ist, hat E das Grundstück an X veräußert.

Teilweise ist die Rechtsnachfolge in diesen Fällen **gesetzlich** ausdrücklich angeordnet.

So z.B. im Baurecht Art. 54 Abs. 2 S. 3 BayBO, § 53 Abs. 5 HBO, § 79 Abs. 1 S. 5 NBauO, § 81 S. 3 LBauO RP, § 58 Abs. 3 SächsBO.

Im Übrigen ist anerkannt, dass die Polizei-/Ordnungsverfügung gegen den Rechtsnachfolger wirkt, wenn ein **Übergangstatbestand** und die **Übergangsfähigkeit** gegeben ist.

Übergangstatbestand
- Gesamtrechtsnachfolge
- Einzelrechtsnachfolge

(1) Übergehen kann die Polizei-/Ordnungspflicht nur, wenn ein gesetzlicher **Übergangstatbestand** existiert. Dies sind insbes.

- die **Gesamtrechtsnachfolge** nach §§ 1922, 1967 BGB und
- die **Einzelrechtsnachfolge** durch Eigentumsübertragung (nach §§ 929 ff. BGB bei beweglichen Sachen bzw. nach §§ 873, 925 BGB bei Grundstücken).

Kein Übergang bei höchstpersönlichen Pflichten

(2) Unter **Übergangsfähigkeit** versteht man die Eigenschaft einer Pflicht, nach Inhalt und Zweck übergehen zu können. Die Übergangsfähigkeit fehlt insb. bei **höchstpersönlichen Pflichten**. Früher wurde generell die Auffassung vertreten, Ordnungspflichten seien stets höchstpersönlich, denn die Behörde müsse ihr Ermessen gegenüber jedem Adressaten neu sachgerecht ausüben. Nach heute h.M. ist dagegen nach Art der Verantwortlichkeit zu differenzieren, damit nicht durch eine Übertragung auf einen Dritten eine **effektive Gefahrenabwehr** infrage gestellt wird.

(a) Verhaltenshaftung

Gesamtrechtsnachfolge bei vertretbaren Handlungen

- Im Fall der **Gesamtrechtsnachfolge** geht die Pflicht aus der Ordnungsverfügung auf den Rechtsnachfolger über, wenn die geforderte Handlung **vertretbar** ist.

  Beispiele: Die Anordnung, eine Gefahr durch Sicherungsmaßnahmen zu beseitigen, wirkt auch gegenüber dem Erben, da die geforderte Handlung auch vom Erben erbracht werden kann. Dagegen ist eine Zwangsmittelandrohung aufgrund ihres Beugecharakters (s.u. S. 110) höchstpersönlich und geht nicht auf den Rechtsnachfolger über. Auch eine gegen den Erblasser erlassene Unterlassungsverfügung wirkt nicht gegen den Erben, da ein Unterlassen stets unvertretbar und damit höchstpersönlich ist.

Keine Einzelrechtsnachfolge in die Verhaltenshaftung

- Bei der **Einzelrechtsnachfolge** findet ein Übergang der Verhaltenshaftung dagegen nicht statt, da eine Überleitungsvorschrift – wie §§ 1922, 1967 BGB – fehlt.

(b) Zustandshaftung

Gesamtrechtsnachfolge in die Zustandshaftung als dingliche Pflicht

- Die **Gesamtrechtsnachfolge** in die Zustandshaftung ist unproblematisch. Die Zustandshaftung ist dinglich mit der Sache verbunden und geht auf den Gesamtrechtsnachfolger als **dinglicher Annex** über.

  Beispiel: Der Erbe erwirbt das Eigentum so, wie es in der Person des Erblassers bestanden hat (§§ 1922, 1967 BGB). Er erhält daher nur das mit der Ordnungsverfügung belastete Eigentum.

Einzelrechtsnachfolge in die Zustandshaftung als öffentliche Last

- Bei der **Einzelrechtsnachfolge** wird überwiegend ähnlich argumentiert: Aufgrund der dinglichen Bindung gehe die Ordnungsverfügung wie eine **öffentliche Last** mit der Sache auf den Rechtsnachfolger über.

Die nur noch vereinzelt vertretene Gegenansicht verneint eine Einzelrechtsnachfolge in die durch VA konkretisierte Ordnungspflicht, da es hier an mit §§ 1922, 1967 BGB entsprechenden Überleitungsnormen fehle. Dagegen spricht jedoch der dingliche Charakter der Zustandshaftung.

Beispiel: Die Anordnung an den Eigentümer E, einen an der Grundstücksgrenze zum öffentlichen Verkehrsraum stehenden umsturzgefährdeten Baum zu beseitigen, wirkt auch gegenüber dem Grundstückserwerber R.

bb) Abstrakte Ordnungspflicht

Bei der Rechtsnachfolge in die abstrakte Ordnungspflicht geht es um die Frage der Verantwortlichkeit des Rechtsnachfolgers, ohne dass gegen den Rechtsvorgänger zuvor eine Ordnungsverfügung erlassen wurde.

Beispiel: Auf dem Grundstück des E hat Mieter M in den 1950er Jahren eine Tankstelle betrieben. Die Erben des E haben das Grundstück im Jahre 2015 an X veräußert. Im Rahmen der Neubauplanung stellt sich Anfang 2018 heraus, dass das Grundstück erheblich mit Benzin und Öl kontaminiert ist. Die Behörde überlegt, ob sie X und die Erben des ebenfalls verstorbenen M in Anspruch nehmen kann.

Rechtsnachfolge in die abstrakte Zustandshaftung nicht erforderlich

- Bei der **Zustandshaftung** wird eine Rechtsnachfolge in die abstrakte Ordnungspflicht überwiegend verneint, weil nicht erforderlich. Denn mit dem Übergang bzw. der Übertragung des Eigentums endet zwar grds. die Zustandshaftung des bisherigen Eigentümers. Mit dem Eigentumserwerb entsteht die Zustandsverantwortlichkeit aber in der Person des Rechtsnachfolgers **originär** und unmittelbar kraft Gesetzes neu. Die (abstrakte) Zustandshaftung trifft danach den jeweiligen Eigentümer bzw. Inhaber der tatsächlichen Gewalt.

  Abweichendes gilt bei spezieller gesetzlicher Regelung, z.B. für die fortbestehende Haftung des früheren Eigentümers nach § 4 Abs. 6 BBodSchG, wenn er bei einer Übertragung nach dem 01.03.1999 die schädliche Bodenveränderung oder Altlast kannte oder kennen musste.

Rechtsnachfolge in die abstrakte Verhaltenshaftung abzulehnen

- Ob eine Rechtsnachfolge in die abstrakte **Verhaltenshaftung** möglich ist, wird unterschiedlich beantwortet. Teilweise wird sie bejaht, da schon vor Erlass einer Ordnungsverfügung eine gesetzliche Pflicht zur Gefahrbeseitigung bestehe. Die Gegenansicht weist zutreffend darauf hin, dass vor Erlass einer Ordnungsverfügung lediglich eine Eingriffsbefugnis der Behörde besteht, aber noch **keine hinreichend konkrete** und übergangsfähige Pflicht.

  Etwas anderes gilt auch hier bei ausdrücklicher gesetzlicher Regelung, z.B. der Haftung des **Gesamtrechtsnachfolgers** des Verursachers einer schädlichen Bodenveränderung oder Altlast nach § 4 Abs. 3 S. 1 Fall 2 BBodSchG. Eine **Einzelrechtsnachfolge** in die abstrakte Verhaltenshaftung wird dagegen überwiegend abgelehnt.

1. Wer ist Verhaltensstörer im polizei-/ordnungsrechtlichen Sinne?	**1.** Verhaltensstörer ist derjenige, der durch sein Verhalten die Gefahrengrenze unmittelbar überschreitet. Verhaltensstörer kann auch derjenige sein, der für das Verhalten anderer verantwortlich ist.
2. Wer ist Zustandsstörer im polizei-/ordnungsrechtlichen Sinne?	**2.** Zustandsstörer ist der Eigentümer und/oder der Inhaber der tatsächlichen Gewalt, wenn die Gefahr von einem Tier oder vom Zustand einer Sache unmittelbar verursacht wird.
3. Wann sind mittelbare Verursacher polizei-/ordnungspflichtig?	**3.** Eine mittelbare Verursachung reicht im Fall des sog. Zweckveranlassers und des latenten Störers, wenn die mittelbare Ursache von Anfang an eine erhöhte Gefahrentendenz aufwies.
4. Was versteht man unter Zweckveranlassung?	**4.** Zweckveranlasser ist derjenige, der die Gefahr subjektiv bezweckt, also final herbeiführen will, nach teilweise vertretener Ansicht auch derjenige, der objektiv gefahrerhöhende Risiken setzt.
5. Wer ist Anscheinsstörer?	**5.** Anscheinsstörer ist derjenige, der den Anschein der Gefahr objektiv verursacht hat. Das gilt sowohl für den Fall, dass lediglich der Anschein einer Gefahr besteht als auch für den Fall, dass tatsächlich eine Gefahr vorliegt und der Anschein besteht, dass die Person Störer ist.
6. Unter welchen Voraussetzungen ist die Inanspruchnahme eines Nichtstörers zulässig?	**6.** Die Inanspruchnahme eines Nichtstörers setzt i.d.R. voraus: ■ eine qualifizierte Gefahrenlage, ■ Subsidiarität gegenüber dem Störer, ■ keine andere Abwehrmöglichkeit, ■ keine Überforderung des Nichtstörers.
7. Gibt es eine Rechtsnachfolge in eine bereits erlassene Ordnungsverfügung?	**7.** Bei der Gesamtrechtsnachfolge geht die Ordnungsverfügung nach §§ 1922, 1967 BGB auf den Rechtsnachfolger des Verhaltensstörers über, wenn die Erfüllungshandlung vertretbar ist. Die Zustandshaftung geht sowohl bei Gesamt- als auch Einzelrechtsnachfolge als dinglicher Annex auf den Rechtsnachfolger über.
8. Wann gibt es eine Rechtsnachfolge in die abstrakte Polizei-/Ordnungspflicht?	**8.** Überwiegend wird eine Nachfolge in die abstrakte Polizei-/Ordnungspflicht mangels konkreter, übergangsfähiger Pflicht verneint. Die Zustandshaftung entsteht ohnehin in der Person des Rechtsnachfolgers neu.

3. Allgemeine Rechtmäßigkeitsanforderungen

Neben den (besonderen) Voraussetzungen, die sich aus der Befugnisnorm und den Störervorschriften ergeben, gibt es eine Reihe von Anforderungen, die grds. bei allen Verwaltungsakten vorliegen müssen. Diese **allgemeinen Rechtmäßigkeitsanforderungen** sind entweder spezialgesetzlich geregelt, finden sich im VwVfG oder gelten als allgemeine Grundsätze. Dazu zählen insbes. die

- **Bestimmtheit**
- **Möglichkeit** und
- **Verhältnismäßigkeit**.

!

Klausurhinweis: *Auf die Bestimmtheit und Möglichkeit müssen Sie in der Klausur nur eingehen, soweit der Sachverhalt dazu Anlass bietet. Die Verhältnismäßigkeit ist in der POR-Klausur jedoch praktisch immer zu erörtern!*

a) Bestimmtheit

Bestimmtheit:
- wer
- von wem
- was

Bereits aus dem Rechtsstaatsprinzip ergibt sich das Erfordernis der Klarheit und **Bestimmtheit** staatlichen Handelns. Für Verwaltungsakte und damit auch für Polizei-/Ordnungsverfügungen wird dieser Grundsatz in § 37 Abs. 1 VwVfG noch einmal ausdrücklich konkretisiert. Bestimmtheit bedeutet, dass aus der Verfügung erkennbar sein muss, **wer** (erlassende Behörde), **von wem** (Adressat) **was** (Inhalt) verlangt.

Zu unbestimmt ist z.B. die Anordnung, einen „ordnungsgemäßen Zustand" herbeizuführen oder für einen „ausreichenden" Schallschutz zu sorgen, wenn nicht konkrete Lärmwerte angegeben werden.

Kommen zur Abwehr einer Gefahr **mehrere Mittel** in Betracht, so genügt es, wenn **eines** davon bestimmt ist (vgl. § 16 Abs. 2 S. 1 BPolG bzw. entsprechendes Landesrecht).

b) Möglichkeit

Rechtliche und tatsächliche Unmöglichkeit

Eine Polizei-/Ordnungsverfügung ist grds. nur rechtmäßig, wenn sie für den Adressaten ausführbar ist.

- Eine Verfügung, die aus tatsächlichen Gründen niemand ausführen kann **(objektive Unmöglichkeit)**, ist gemäß § 44 Abs. 2 Nr. 4 VwVfG nichtig.
- Einen Sonderfall der **rechtlichen Unmöglichkeit** regelt § 44 Abs. 2 Nr. 5 VwVfG: Nichtig ist ein Verwaltungsakt, der die Begehung einer rechtswidrigen Tat verlangt, die einen Straf- oder Bußgeldtatbestand verwirklicht.

Duldungsverfügung bei ausräumbaren Rechten Dritter

- Kann das rechtliche Hindernis (z.B. die Berechtigung eines Dritten) durch eine **Duldungsverfügung** ausgeräumt werden, berührt das Fehlen der Duldungsverfügung nicht die Rechtmäßigkeit des VA, sondern nur dessen Durchsetzbarkeit (s.u. S. 113).

Beispiel: Die Baubehörde hat gegenüber Eigentümer E die Beseitigung eines an Mieter M vermieteten Gebäudes angeordnet. E würde gegen seine Verpflichtung zur Gebrauchsgewährung (§ 535 Abs. 1 S. 1 BGB) verstoßen, wenn er das Haus beseitigen lassen würde. Auch wäre ein Abbruch ohne Zustimmung des M gemäß § 858 BGB verbotene Eigenmacht. Diese Hindernisse lassen sich jedoch dadurch ausräumen, dass die Behörde gegen M eine Duldungsverfügung erlässt. Denn als Inhaber der tatsächlichen Gewalt ist auch M ordnungspflichtig und zur Duldung der Beseitigung verpflichtet.

c) Verhältnismäßigkeit

Der Grundsatz der Verhältnismäßigkeit folgt aus dem **Rechtsstaatsprinzip** (Art. 20 Abs. 3 GG) und der **Abwehrfunktion der Grundrechte**. Im POR ist der Grundsatz ausdrücklich normiert.

15 BPolG	5 PolG	4 PAG	11 ASOG	3 PolG	3 PolG	4 SOG	4 SOG	15 SOG	4 SOG

2 PolG	2 POG	2 PolG	3 II, III PolG	5 SOG	73 II, III LVwG	4 PAG

Vergleichbare Regelungen finden sich in Art. 8 BayLStVG, § 14 BbgOBG, § 15 OBG NRW, § 6 ThürOBG.

aa) Bedeutung

Verhältnismäßigkeitsprüfung insbes. bei Ermessensentscheidungen, ausnahmsweise auch bei gebundenen Entscheidungen (str.).

Bedeutung hat der Grundsatz der Verhältnismäßigkeit vor allem bei **Ermessensentscheidungen**. Jede unverhältnismäßige Maßnahme stellt zugleich eine sog. **Ermessensüberschreitung** dar (s.u. S. 55). Allerdings kann – bei entsprechenden Anhaltspunkten – ausnahmsweise auch eine **gebundene Entscheidung** unverhältnismäßig sein.

Beispiel: Nach § 15 Abs. 2 GastG ist die Gaststättenerlaubnis zu widerrufen, wenn der Gastwirt nachträglich „unzuverlässig" i.S.d. § 4 Abs. 1 Nr. 1 GastG wird. Da es sich hierbei um eine gebundene Entscheidung handelt („ist zu widerrufen"), ist der Grundsatz der Verhältnismäßigkeit im Normalfall bereits bei der Auslegung des Merkmals der Unzuverlässigkeit zu berücksichtigen. Im seltenen Ausnahmefall kann sich der Widerruf aber aufgrund der Umstände des Einzelfalls als unverhältnismäßig erweisen (str.).

!

Aufbauhinweis: *Bei Ermessensentscheidungen wird die Verhältnismäßigkeit häufig nicht als eigenständiger Prüfungspunkt, sondern im*

Rahmen des Ermessens erörtert (s.u. S. 59). Zwingend ist dies allerdings nicht, vor allem wenn für Verhältnismäßigkeit und Ermessen verschiedene gesetzliche Regelungen bestehen (vgl. z.B. §§ 15, 16 BPolG).

bb) Voraussetzungen

Verhältnismäßigkeit:
- Legitimer Zweck
- Geeignetheit
- Erforderlichkeit
- Angemessenheit

Verhältnismäßig ist eine Polizei-/Ordnungsverfügung nur, wenn die Maßnahme zur Verfolgung eines legitimen Zwecks geeignet, erforderlich und angemessen ist.

- Als **legitimer Zweck** polizeilicher Maßnahmen kommt aufgrund der Aufgabenbegrenzung grds. nur die Abwehr von Gefahren für die öffentliche Sicherheit oder Ordnung in Betracht.

  Beispiele: Nicht legitim ist der Zweck, wenn er der Werteordnung des Grundgesetzes widerspricht, z.B. Diskriminierung bestimmter Volksgruppen (Art. 3 Abs. 3 GG) oder ein Versammlungsverbot zur Verhinderung bestimmter Meinungsäußerungen (Art. 5 Abs. 1 GG); zu einer Ausnahme im Hinblick auf § 130 Abs. 4 StGB (Verherrlichung der nationalsozialistischen Gewalt- und Willkürherrschaft) vgl. BVerfG RÜ 2010, 42 (Rudolf Heß).

- Die Maßnahme ist **geeignet**, wenn mit ihrer Hilfe der verfolgte Zweck zumindest gefördert werden kann (er muss also nicht unbedingt erreicht werden).

  Eine Maßnahme ist nur solange zulässig, bis ihr Zweck erreicht ist oder sich zeigt, dass er nicht erreicht werden kann (z.B. Art. 4 Abs. 3 BayPAG, § 11 Abs. 3 ASOG Bln, § 4 Abs. 3 HSOG, § 2 Abs. 3 PolG NRW, § 2 Abs. 3 POG RP).

- **Erforderlich** ist die Maßnahme nur, wenn der Behörde zur Verfolgung des Zwecks kein anderes gleichwirksames, aber weniger belastendes Mittel zur Verfügung steht (Grundsatz des mildesten Mittels).

  Beispiel: Ein Versammlungsverbot nach § 15 Abs. 1 VersG ist nicht erforderlich, wenn Auflagen zur Abwehr der Gefahr ausreichen.

- **Angemessen** ist die Maßnahme nur, wenn sie nicht zu Nachteilen führt, die erkennbar außer Verhältnis zum angestrebten Erfolg stehen.

Der **Schwerpunkt** der Verhältnismäßigkeitsprüfung liegt auf der Angemessenheit (auch Verhältnismäßigkeit im engeren Sinne). An dieser Stelle hat stets eine umfassende **Abwägung** der betroffenen Rechtsgüter und Interessen zu erfolgen. Unangemessen ist eine Maßnahme aber nur dann, wenn sie zu Nachteilen führt, die **„erkennbar" außer Verhältnis** zu dem erstrebten Erfolg stehen, d.h. wenn der durch die Maßnahme herbeigeführte Nachteil deutlich größer ist als der Nachteil, der durch sie abgewendet werden soll.

d) Austauschmittel

Angebot eines Austauschmittels

Neben den bereits genannten Vorschriften gibt es in den Polizeigesetzen regelmäßig weitere ermächtigungsbegrenzende Regelungen. Besondere Relevanz hat die Möglichkeit des **Austauschmittels.**

16 II BPolG	–	5 II PAG	12 II ASOG	4 II PolG	4 II PolG	4 IV SOG	5 II SOG	14 II SOG	5 II SOG
3 II PolG	3 II POG	3 II PolG	–	6 II SOG	–	5 II PAG			

Kommen zur Abwehr einer Gefahr mehrere Mittel in Betracht, so genügt es, wenn in der Polizei-/Ordnungsverfügung eines davon bestimmt ist. Dem Betroffenen ist auf Antrag zu gestatten, ein **anderes ebenso wirksames Mittel** einzusetzen, sofern die Allgemeinheit dadurch nicht stärker beeinträchtigt wird (so z.B. § 16 Abs. 2 BPolG). Das Austauschmittel ist in den meisten Polizei- und Ordnungsgesetzen vorgesehen, gilt aber als Ausfluss des Grundsatzes der **Erforderlichkeit** auch dort, wo es nicht ausdrücklich geregelt ist.

4. Richtige Rechtsfolge

a) Gebundene Entscheidung und Ermessen

Liegen die Voraussetzungen für den Erlass einer Polizei-/Ordnungsverfügung vor, ist auf der Rechtsfolgenseite danach zu unterscheiden, ob die Behörde zu einer bestimmten Maßnahme verpflichtet ist oder ob ihr ein Entscheidungsspielraum (Ermessen) zusteht.

Gebundene Entscheidungen

- Muss die Behörde handeln, so hat sie die vom Gesetz vorgeschriebene Rechtsfolge zwingend zu treffen (sog. **gebundene Entscheidungen**). Das Verwaltungsgericht überprüft vollumfänglich, ob die Voraussetzungen für die behördliche Maßnahme vorliegen.

  Die Fahrerlaubnis ist zu entziehen, wenn ihr Inhaber ungeeignet zum Führen von Kraftfahrzeugen ist (§ 3 Abs. 1 S. 1 StVG „hat"). Die Baugenehmigung ist zu erteilen, wenn dem Vorhaben öffentlich-rechtliche (Bau-)Vorschriften nicht entgegenstehen.

Ermessensentscheidungen

- Bei **Ermessensentscheidungen** („kann", „darf", „ist befugt") hat die Behörde dagegen einen Entscheidungsspielraum, ob sie überhaupt tätig wird (sog. **Entschließungsermessen**) und welche Maßnahme sie ergreift **(Auswahlermessen).**

Im allgemeinen Polizei- und Ordnungsrecht besteht **i.d.R. Ermessen**, gebundene Entscheidungen sind eher selten.

Beispiele: Nach der Generalklausel „kann" die Behörde die notwendigen Maßnahmen treffen, um eine im Einzelfall bestehende Gefahr abzuwehren (vgl. z.B. § 14 Abs. 1 BPolG). Die Polizei „kann" eine Sache sicherstellen, um eine gegenwärtige Gefahr abzuwehren (§ 47 Nr. 1 BPolG).

Opportunitätsprinzip bei Ermessensentscheidungen

Die Gefahrenabwehr steht daher grundsätzlich im Ermessen der Behörde. Es gilt das **Opportunitätsprinzip**. Die Polizei-/Ordnungsbehörde darf bei ihrer Entscheidung auch **Zweckmäßigkeitsgesichtspunkte** berücksichtigen.

16 BPolG	3 PolG	5 PAG	12 ASOG	4 PolG	4 PolG	3 SOG	5 SOG	14 SOG	5 SOG
3 PolG	3 POG	3 PolG	3 I PolG	6 SOG	73, 174 LVwG	5 PAG			

Gegenbeispiel: Wenn die Polizei als Strafverfolgungsbehörde (§ 163 StPO) handelt, ist sie ebenso wie die Staatsanwaltschaft verpflichtet, alle Straftaten aufzuklären, sofern zureichende tatsächliche Anhaltspunkte vorliegen (§ 152 Abs. 2 StPO, sog. Legalitätsprinzip).

Zweckmäßigkeitsüberlegungen

Im Rahmen der Zweckmäßigkeit kann die Behörde **verwaltungspraktische** Aspekte (Verwaltungseffizienz, sachnähere Alternativen etc.), aber auch **außerrechtliche Gesichtspunkte** berücksichtigen (z.B. soziale, ökonomische, ökologische Aspekte).

Beispiel: Bei baurechtlichen Beseitigungsverfügungen können Stichtagsregelungen zweckmäßig sein, wonach nur gegen Schwarzbauten eingeschritten wird, die nach dem gewählten Stichtag errichtet wurden. Die Stichtagsregelung hat zwar nicht zur Folge, dass das Einschreiten gegen vor dem Stichtag errichtete Bauten stets ausgeschlossen wäre. Ausnahmen sind zulässig, bedürfen aber einer eingehenden Begründung (vgl. OVG NRW RÜ2 2016, 143, 144). Fiskalische Überlegungen sind bei einer Polizei-/Ordnungsverfügung dagegen i.d.R. unzulässig.

!

***Hinweis:** Zweckmäßigkeitsüberlegungen kommen **nur bei Ermessensentscheidungen** in Betracht.*

b) Ermessen im Polizei- und Ordnungsrecht

aa) Entschließungsermessen

Entschließungsermessen: „Ob"

Die Entscheidung, **ob** bei Vorliegen aller Eingriffsvoraussetzungen eine Verfügung zur Gefahrenabwehr erlassen wird, liegt – von wenigen Ausnahmen abgesehen – grds. im (Entschließungs-)Ermessen der Behörde. Allerdings kann das Ermessen im Einzelfall **auf Null reduziert** und die Behörde zum Einschreiten verpflichtet sein. Dies wird vor allem bei hoher Gefahrenintensität für bedeutsame Schutzgüter angenommen.

Beispiel: Eine Ermessensreduzierung, d.h. eine Pflicht zum Einschreiten kommt insbes. bei drohender Beeinträchtigung hochrangiger Rechtsgüter wie Leben und Gesundheit in Betracht.

bb) Auswahlermessen

Auswahlermessen: „Wie" und „gegen wen"

Entschließt sich die Behörde zum Erlass einer Polizei-/Ordnungsverfügung, so steht es i.d.R. auch in ihrem Ermessen, **welche Maßnahme gegenüber wem** getroffen wird, sog. Auswahlermessen.

- Das Auswahlermessen bezieht sich nur auf solche Maßnahmen, die alle **gleichermaßen rechtmäßig**, d.h. insbesondere verhältnismäßig sind.
- Das Auswahlermessen dient auch dazu, bei objektiver Verantwortlichkeit von **mehreren Personen** unbillige Ergebnisse zu vermeiden. Die Behörde kann daher nach pflichtgemäßem Ermessen entscheiden, **wen von mehreren Störern** sie in Anspruch nimmt.

Störerauswahlermessen

Wesentliches Kriterium für das **Störerauswahlermessen** ist vor allem die **Effektivität** der Gefahrenabwehr.

Beispiel: Die Heranziehung des Zweckveranlassers ist i.d.R. ermessensfehlerfrei, weil er die Gefahr am schnellsten durch sein Verhalten unterbinden kann. Kann einer von mehreren Zustandsstörern die Gefahr effektiver beseitigen, spricht dies für seine Inanspruchnahme.

Kein genereller Vorrang des Verhaltensstörers vor dem Zustandsstörer

Teilweise wird angenommen, der **Verhaltensstörer** hafte generell **vor dem Zustandsstörer**. Dagegen spricht jedoch, dass sich die Polizei-/Ordnungspflicht nach objektiven Gesichtspunkten richtet, was grds. für die Gleichwertigkeit von Verhaltens- und Zustandshaftung spricht.

Etwas anderes gilt bei spezieller gesetzlicher Regelung. So haftet nur der Inhaber der tatsächlichen Gewalt als Zustandsstörer, wenn er diese ohne den Willen des Eigentümers oder Berechtigten ausübt (§ 18 Abs. 2 S. 2 BPolG).

Im Verhältnis zwischen Verhaltens- und Zustandsstörer gelten daher die allgemeinen Kriterien. Entscheidend ist auch hier vor allem die **Effektivität der Gefahrenabwehr**. Unerheblich ist, **warum** jemand zum Störer geworden ist und ob ihm die Ordnungspflicht **zumutbar** ist (das ist allenfalls eine Frage der Verhältnismäßigkeit, dazu oben S. 41).

c) Ermessensfehler

Nach § 40 VwVfG ist das Ermessen entsprechend dem Zweck der Ermächtigung auszuüben und es sind die gesetzlichen Grenzen des Ermessens einzuhalten. Wichtigste **prozessuale Konsequenz** bei Ermessensentscheidungen ist die Einschränkung der gerichtlichen Prüfungskompetenz. Das Gericht darf nur die **Rechtmäßigkeit** des Verwaltungsakts überprüfen (§§ 113 Abs. 1 S. 1, 113 Abs. 5 S. 1 VwGO), nicht dessen Zweckmäßigkeit. Bei Ermessensentscheidungen ist die gerichtliche Überprüfung daher auf **Ermessensfehler** beschränkt (§ 114 S. 1 VwGO).

Ermessensfehler

Ein **Ermessensfehler** liegt vor, wenn die Behörde

- die gesetzlichen Grenzen des Ermessens überschreitet **(Ermessensüberschreitung)**,
- ihr Ermessen überhaupt nicht ausübt **(Ermessensunterschreitung)** oder
- von dem Ermessen in einer dem Zweck der Ermächtigung nicht entsprechenden Weise Gebrauch macht **(Ermessensfehlgebrauch)**.

aa) Ermessensüberschreitung

Ermessensüberschreitung = Nichtbeachtung der gesetzlichen Grenzen

Eine Ermessensüberschreitung liegt vor, wenn die Behörde eine im Gesetz nicht zugelassene Rechtsfolge wählt.

Beispiel: Nach § 11 Abs. 3 VwVG beträgt die Höhe des Zwangsgeldes bis zu 25.000 Euro. Die Höhe im Einzelfall steht im Ermessen der Behörde. Wird ein Zwangsgeld i.H.v. 30.000 Euro angedroht, liegt ein Fall der Ermessensüberschreitung vor.

Ermessensgrenzen können sich ergeben unmittelbar aus der das Ermessen einräumenden Norm (s.o.), aus anderen Rechtsvorschriften (vor allem aus Grundrechten) und insbes. aus dem **Grundsatz der Verhältnismäßigkeit**.

!

Aufbauhinweis: *Jede unverhältnismäßige Maßnahme überschreitet die gesetzlichen Grenzen des Ermessens und stellt damit eine unzulässige Rechtsfolge dar. Deshalb wird der Gesichtspunkt der Verhältnismäßigkeit häufig auch im Rahmen des Ermessens erörtert (s.o. S. 50 f.).*

bb) Ermessensunterschreitung

Ermessensunterschreitung = Ermessensnichtgebrauch

Der Ermessensüberschreitung steht die **Ermessensunterschreitung** gleich (auch Ermessensnichtgebrauch oder Ermessensausfall). Ein solcher Nichtgebrauch des Ermessens liegt z.B. vor, wenn die Behörde fälschlicherweise die Voraussetzungen der Ermessensnorm verneint und deshalb das Ermessen gar nicht ausübt oder wenn die Behörde sich irrtümlich für gebunden hält und ihren Ermessensspielraum gar nicht erkannt hat.

Beispiel: Die Behörde meint, bei einer Gefahr für die öffentliche Sicherheit stets einschreiten zu müssen, obwohl ihr nach der Generalklausel Ermessen zusteht.

cc) Ermessensfehlgebrauch

Ermessensfehlgebrauch = sachwidrige Gründe

Der praktisch wichtigste Ermessensfehler ist der **Ermessensfehlgebrauch**. Beim Ermessensfehlgebrauch ist nicht das Ergebnis fehlerhaft, sondern der gedankliche Weg, auf dem die Behörde zu ihrer Entscheidung gelangt. Ein Ermessensfehlgebrauch liegt insbes. vor, wenn die Behörde **sachfremde Erwägungen** anstellt oder den Gleichbehandlungsgrundsatz des Art. 3 Abs. 1 GG missachtet.

Beispiele sind Verstöße gegen das Willkürverbot oder gegen den Grundsatz der Selbstbindung der Verwaltung (z.B. aufgrund einer Behördenpraxis oder durch Verwaltungsvorschriften).

C. Anspruch auf behördliches Einschreiten

Kein Gesetzesvollziehungsanspruch

Da das Einschreiten der Polizei-/Ordnungsbehörde grds. im **Ermessen** der Behörde steht, besteht eine Pflicht zum Einschreiten nur im Fall der **Ermessensreduzierung** (s.o. S. 54). Allerdings entspricht im öffentlichen Recht einer **Pflicht des Staates** nicht zwingend ein **Anspruch des Bürgers**. Der Bürger hat **keinen Gesetzesvollziehungsanspruch**. Nur soweit ihm ein subjektives Recht zusteht, kann er eine bestimmte Verwaltungsmaßnahme abwehren oder verlangen (arg. e Art. 19 Abs. 4 GG). Deshalb gibt es auch **keinen generellen Anspruch** auf Einschreiten der Polizei-/Ordnungsbehörde.

Beispiel: Bauherr B hat ohne Baugenehmigung auf seinem Grundstück unmittelbar an der Grenze zu seinem Nachbarn eine Garage errichtet. Nachbar N verlangt von der Bauaufsichtsbehörde den Erlass einer Abrissverfügung.

I. Anspruchsgrundlage

Anspruch nur bei subjektivem Recht

1. Im Polizei- und Ordnungsrecht kann sich ein **subjektives Recht** und damit ein Anspruch auf Einschreiten nur aus den Vorschriften ergeben, die die Behörde zum Einschreiten berechtigen, also der jeweiligen behördlichen **Ermächtigungsgrundlage**. Denn das subjektive Recht des Bürgers kann nicht weitergehen, als die Befugnis der Behörde zum Einschreiten reicht.

2. Einen **Anspruch** kann der Bürger aus der behördlichen Ermächtigungsgrundlage aber nur ableiten, wenn die Norm **Anspruchsqualität** hat. Das ist nur dann zu bejahen, wenn sie nicht nur Befugnisse der Behörde regelt, sondern zugleich ein **subjektives Recht** für den Bürger beinhaltet, d.h. zumindest auch dem Schutz der Rechte des Dritten zu dienen bestimmt ist **(Schutznormtheorie)**. Das ist nicht der Fall, wenn die Norm ausschließlich öffentliche Interessen verfolgt.

Behördliche Ermächtigungsgrundlage als Anspruchsgrundlage

3. Die Eingriffsnormen des Polizei- und Ordnungsrechts dienen in erste Linie der Durchsetzung **öffentlicher Interessen** (vgl. „öffentliche" Sicherheit). Zum Schutz der öffentlichen Sicherheit gehören aber auch die **Individualrechtsgüter** des Einzelnen (s.o. S. 32). Ausnahmsweise haben die Eingriffsnormen daher Anspruchsqualität, wenn es um den Schutz solcher Rechte geht.

Voraussetzung: Individualrechtsgüter des Einzelnen sind betroffen

Im obigen Beispiel ist das nur der Fall, soweit die Vorschriften des materiellen Baurechts, gegen die das illegale Vorhaben verstößt, nachbarschützenden Charakter haben. Das wird z.B. bei den Vorschriften über die Abstandsflächen bejaht, nicht dagegen bei einem bloßen Verstoß gegen die Vorschriften über die Genehmigungspflicht.

II. Rechtsfolge

1. Soweit die Behörde – wie im Polizei- und Ordnungsrecht – nach **Ermessen** zu entscheiden hat, steht dem Bürger auch dann, wenn seine subjektive Rechte berührt sind, grundsätzlich **kein Anspruch** auf Erlass einer Polizei-/Ordnungsverfügung zu. Er hat vielmehr nur einen **Anspruch auf ermessensfehlerfreie Entscheidung**.

Grundsatz: Anspruch auf ermessensfehlerfreie Entscheidung

***Hinweis**: Auch ein Anspruch auf ermessensfehlerfreie Entscheidung besteht nur, wenn **alle Voraussetzungen** für das Einschreiten der Behörde erfüllt sind. Ist auch nur eine Voraussetzung nicht erfüllt, kann die Behörde nicht einschreiten und der Dritte hat auch keinen Anspruch auf Einschreiten. Außerdem muss die Norm drittschützende Wirkung haben. Es gibt **keinen generellen Anspruch** auf ermessensfehlerfreie Entscheidung!*

!

2. Ein **Anspruch auf Erlass** einer Polizei-/Ordnungsverfügung besteht ausnahmsweise dann, wenn das **Ermessen** auf Einschreiten **reduziert** ist. Dies wird i.d.R. nur bei einer Gefahr für hochrangige Rechtsgüter wie Leben und Gesundheit der Fall sein (s.o. S. 54). In diesem Fall wandelt sich der Anspruch auf ermessensfehlerfreie Entscheidung um in einen Anspruch auf Erlass der Polizei-/Ordnungsverfügung.

Ausnahme: gebundener Anspruch nur bei Ermessensreduzierung

Beispiel: Anspruch auf Einschreiten bei Einsturzgefahr eines Gebäudes.

1. Nennen Sie die wichtigsten allgemeinen Rechtmäßigkeitsanforderungen bei der Polizei-/Ordnungsverfügung!

1. Zu den allgemeinen Rechtmäßigkeitsanforderungen gehören insbes. die Bestimmtheit (§ 37 Abs. 1 VwVfG), die rechtliche und tatsächliche Möglichkeit und die Verhältnismäßigkeit.

2. Wann ist eine (polizeiliche) Maßnahme verhältnismäßig?

2. Verhältnismäßig ist eine Maßnahme nur, wenn sie zur Verfolgung eines legitimen Zwecks (hier Gefahrenabwehr) geeignet, erforderlich und angemessen ist.

3. Definieren Sie die einzelnen Elemente der Verhältnismäßigkeitsprüfung!

3. Die Maßnahme ist geeignet, wenn mit ihrer Hilfe der verfolgte Zweck zumindest gefördert werden kann. Erforderlich ist die Maßnahme nur, wenn der Behörde zur Verfolgung des Zwecks kein anderes gleichwirksames, aber weniger belastendes Mittel zur Verfügung steht. Angemessen ist eine Maßnahme nur, wenn sie nicht zu Nachteilen führt, die erkennbar außer Verhältnis zum angestrebten Erfolg stehen.

4. Inwieweit besteht bei polizei-/ordnungsbehördlichen Maßnahmen Ermessen der Behörde?

4. Die Behörde hat grds. Ermessen, ob sie bei Vorliegen der Eingriffsvoraussetzungen überhaupt eine Verfügung zur Gefahrenabwehr erlässt (Entschließungsermessen) und bejahendenfalls, welche Maßnahme gegenüber wem getroffen wird (Auswahlermessen).

5. Wann liegen Ermessensfehler vor?

5. Ein Ermessensfehler liegt vor, wenn die Behörde

- die gesetzlichen Grenzen des Ermessens überschreitet (sog. Ermessensüberschreitung),
- ihr Ermessen überhaupt nicht ausübt (sog. Ermessensunterschreitung),
- von dem Ermessen in einer dem Zweck der Ermächtigung nicht entsprechenden Weise Gebrauch gemacht hat (sog. Ermessensfehlgebrauch).

7. Wann besteht ein Anspruch des Bürgers auf ermessensfehlerfreie Entscheidung über ein Einschreiten der Polizei zur Gefahrenabwehr?

7. Ein Anspruch auf ermessensfehlerfreie Entscheidung besteht nur, wenn die behördliche Ermächtigungsgrundlage nicht nur den Interessen der Allgemeinheit, sondern zumindest auch den Interessen des Einzelnen zu dienen bestimmt ist (Schutznormtheorie). Das ist i.d.R. nur der Fall, soweit es um den Schutz von Individualrechtsgütern als Teil der öffentlichen Sicherheit geht.

8. Wann besteht ein Anspruch des Bürgers auf polizeiliches Einschreiten?

8. Ein Anspruch auf Einschreiten besteht nur, soweit es um den Schutz von Individualrechtsgütern geht und das Ermessen der Behörde auf Null reduziert ist.

Aufbauschema: Polizei-/Ordnungsverfügung

I. Ermächtigungsgrundlage

- Spezialgesetz
- Standardermächtigung
- Generalklausel

II. Formelle Rechtmäßigkeit

1. **Zuständigkeit** (sachlich, instanziell, örtlich)
2. **Verfahren**, insb. § 28 VwVfG
3. **Form**, insb. §§ 37, 39 VwVfG

III. Materielle Rechtmäßigkeit

1. **Voraussetzungen der Ermächtigungsgrundlage**

a) **Schutzgut** betroffen

aa) öffentliche Sicherheit

- Unverletzlichkeit der Rechtsordnung
- Individualrechtsgüter des Einzelnen
- Bestand des Staates und seiner Einrichtungen

bb) öffentliche Ordnung

- Gesamtheit der ungeschriebenen Regeln,
- die nach den jeweils herrschenden sozialen und ethischen Anschauungen
- unerlässliche Voraussetzung für ein geordnetes menschliches Zusammenleben sind.

b) Gefahr

- **konkrete Gefahr:** hinreichende Wahrscheinlichkeit des Eintritts eines nicht unerheblichen Schadens für ein Schutzgut in absehbarer Zeit
- ggf. **gegenwärtige** (unmittelbare) **Gefahr:** das schädigende Ereignis hat bereits begonnen oder steht mit an Sicherheit grenzender Wahrscheinlichkeit unmittelbar bevor
- ggf. **erhebliche Gefahr:** drohender Schaden für ein bedeutsames Rechtsgut, wie Leben, Gesundheit, Freiheit, Bestand des Staates
- ggf. **dringende Gefahr** (= unmittelbare erhebliche Gefahr): gegenwärtige Gefahr für besonders bedeutsame Schutzgüter

- **Anscheinsgefahr:**
  - objektive Anhaltspunkte lassen zwingend den Schluss auf das Vorliegen einer Gefahr zu
  - echte Gefahr (ex ante)
- **Gefahrenverdacht:**
  - objektive Anhaltspunkte für das Vorliegen einer Gefahr, die aber nicht definitiv festgestellt werden kann (Zweifel)
  - Gefahr (+), aber grds. nur Gefahrerforschungsmaßnahmen zulässig
- **nicht** Putativgefahr (Scheingefahr): keine objektiven Anhaltspunkte für Gefahr, nur Irrtum des handelnden Beamten, Maßnahme rechtswidrig

2. **Richtiger Adressat** = Polizei-/Ordnungspflicht

   a) **Verhaltensstörer**
   - unmittelbare Verursachung der Gefahr durch Tun oder (qualif.) Unterlassen bei ör Handlungspflicht
   - Zweckveranlasser

   b) **Zustandsstörer**
   - unmittelbare Verursachung der Gefahr durch Tier oder Zustand einer Sache
   - latenter Störer

   c) ggf. **Nichtstörer** (sog. Notstandspflichtiger)
   - gegenwärtige (erhebliche) Gefahr
   - Subsidiarität ggü. Störer
   - Subsidiarität ggü. Behörde
   - Keine Überforderung des Nichtstörers

3. **Allgemeine Rechtmäßigkeitsanforderungen**

   a) **Bestimmtheit**

   b) **Möglichkeit**

   c) **Verhältnismäßigkeit**

4. **Rechtsfolge:** i.d.R. Ermessen

   a) **Entschließungsermessen** („ob")

   b) **Auswahlermessen** („wie" und „gegen wen")

   c) Überprüfung nur auf **Ermessensfehler**

      aa) **Ermessensüberschreitung**

      bb) **Ermessensnichtgebrauch**

      cc) **Ermessensfehlgebrauch**

4. Abschnitt: Standardmaßnahmen

Standardmaßnahmen sind Gefahrenabwehrmaßnahmen, die in bestimmten Erscheinungsformen immer wiederkehren, also **standardisiert** sind. Sie sind i.d.R. mit intensiven Eingriffen in Grundrechte verbunden, sodass die Generalklausel als Befugnisnorm nicht ausreicht (s.o. S. 21) und eine **besondere Ermächtigungsgrundlage** erforderlich ist (sog. Standardermächtigung oder Standardbefugnis). Im Folgenden werden die für die Klausur wichtigsten Standardmaßnahmen dargestellt.

Standardermächtigungen für besonders intensive Grundrechtseingriffe

Die Standardmaßnahmen sind zumeist im PolG geregelt. Soweit ein OBG existiert, wird zum Teil auf die Standardmaßnahmen des PolG verwiesen (vgl. § 23 BbgOBG, § 24 OBG NRW). Im ThürOBG und ThürPAG sind die Standardmaßnahmen jeweils eigenständig geregelt.

A. Datenerhebung und Datenverarbeitung

I. Bedeutung

Die meisten Vorschriften über die Datenerhebung und -verarbeitung sind als Folge des sog. **Volkszählungsurteils** des BVerfG (BVerfGE 65, 1, 45 ff.) in die Polizeigesetze eingefügt worden. In dem Urteil hatte das BVerfG aus dem allgemeinen Persönlichkeitsrecht gemäß Art. 2 Abs. 1 i.V.m. Art. 1 Abs. 1 GG das **Grundrecht auf informationelle Selbstbestimmung** abgeleitet. Folge war, dass die frühere Praxis, Dateneingriffe aufgrund der Generalklausel vorzunehmen, unzulässig war und mit Blick auf die Bedeutung des Grundrechts **spezielle Eingriffsermächtigungen** erforderlich wurden.

Grundrecht auf informationelle Selbstbestimmung

Weitere Anforderungen hat das BVerfG in verschiedenen Entscheidungen entwickelt, in denen das Gericht aus Art. 2 Abs. 1 i.V.m. Art. 1 Abs. 1 GG auch ein **Grundrecht auf Gewährleistung der Vertraulichkeit und Integrität informationstechnischer Systeme** abgeleitet hat, da personenbezogene Daten bei unbemerktem Zugriff eines besonderen Schutzes bedürfen.

Grundrecht auf Gewährleistung der Vertraulichkeit und Integrität informationstechnischer Systeme

Vgl. BVerfG RÜ 2008, 249 (Online-Durchsuchung), BVerfG RÜ 2010, 243 (Vorratsdatenspeicherung), BVerfG RÜ 2016, 388 (BKA-Gesetz).

Ab Mai 2018 wird das nationale **Datenschutzrecht** durch die EU-Datenschutz-Grundverordnung (EU-DSGVO) und durch das BDSG 2018 grundlegend neugestaltet.

Die EU-DSGVO gilt unmittelbar in den Mitgliedstaaten (Art. 288 Abs. 2 AEUV, Art. 99 Abs. 2 EU-DSGVO) und bedarf daher keines nationalen Umsetzungsaktes. In der EU-DSGVO finden sich die grundlegenden Regelungen über die Rechtmäßigkeit der Datenerhebung und -verabeitung, aber auch die Rechte der Betroffenen (z.B. auf Auskunft, Berichtigung, Lösung, §§ 16 ff. EU-DSGVO). Das BDSG 2018 enthält in diesem Bereich nur ergänzende Regelungen.

Nach Art. 2 Abs. 2 d) gilt die EU-DSGVO nicht für die Strafverfolgung einschließlich des Schutzes vor und der Abwehr von Gefahren für die öffentliche Sicherheit. Hierfür gelten künftig die §§ 45 ff. BDSG 2018 (bzw. entsprechendes LDSG), die der Umsetzung der Datenschutz-Richtlinie Polizei und Justiz (RL 2016/680) dienen, soweit dies nicht bereichsspezifisch in den Polizeigesetzen erfolgt.

Die sehr detaillierten Regelungen im Polizeirecht sind in der Praxis zwar von hoher Relevanz, spielen in der Klausur jedoch eine nur untergeordnete Rolle. Es reicht daher aus, wenn Sie sich durch Lesen der Vorschriften einen Überblick verschaffen.

II. Datenerhebung

Datenverarbeitung = jeder Vorgang im Zusammenhang mit personenbezogenen Daten

Datenerhebung ist das Beschaffen von personenbezogenen Daten. Personenbezogene Daten sind alle Informationen, die sich auf eine identifizierte oder identifizierbare natürliche Person beziehen (vgl. z.B. § 46 Nr. 1 BDSG 2018). Grundsätzlich stellt jede Datenerhebung einen Eingriff in das Grundrecht auf informationelle Selbstbestimmung aus Art. 2 Abs. 1, Art. 1 Abs. 1 GG dar und bedarf deshalb einer spezifischen Ermächtigungsgrundlage.

1. Mittel der Datenerhebung

Generalklauselartige Standardermächtigungen und konkrete Spezialbefugnisse

Die Erhebung von Daten wird in den Polizeigesetzen in verschiedenen Vorschriften geregelt. Teils bestehen **generalklauselartige Standardermächtigungen** (z.B. § 21 BPolG) teils **konkrete Spezialbefugnisse** (z.B. §§ 26 ff. BPolG).

Mittel der Datenerhebung sind z.B. die Befragung (§ 22 BPolG), die Identitätsfeststellung (§ 23 BPolG), erkennungsdienstliche Maßnahmen (§ 24 BPolG), die Überwachung der Telekommunikation (§ 22a BPolG), Audio- und Videoaufzeichnungen (§§ 26, 27, 28 Abs. 2 Nr. 2 a BPolG), auch mittels sog. Body-Cams (§ 27a BPolG), die automatische Kennzeichenerfassung (§ 27b BPolG), die Gesprächsaufzeichnung (§ 27c BPolG), die längerfristige Observation (§ 28 Abs. 2 Nr. 1 BPolG), das Abhören oder Aufzeichnen des nicht öffentlich gesprochenen Wortes („Lauschangriff", § 28 Abs. 2 Nr. 2 b BPolG), der Einsatz von verdeckten Ermittlern (§§ 28 Abs. 2 Nr. 4, 28a BPolG). Die Landespolizeigesetze enthalten vergleichbare, teilweise aber auch weitergehende Maßnahmen (z.B. Handyortung, Online-Durchsuchung, elektronische Fußfesseln u.Ä.), s.o. S. 20.

2. Rechtmäßigkeitsvoraussetzungen

a) Die **Anforderungen** an die einzelnen Maßnahmen sind in den Polizeigesetzen detailliert geregelt und daher rechtlich zumeist unproblematisch. Die Datenerhebung ist i.d.R. zulässig zur Abwehr einer **Gefahr**, überwiegend aber auch bereits zur **Gefahrerforschung**.

Beispiele finden sich in § 21 Abs. 2 BPolG (Datenerhebung zur Verhütung von Straftaten) oder in § 26 BPolG (Datenerhebung bei öffentlichen Veranstaltungen).

Allgemeine Grundsätze der Datenverarbeitung

b) Die **allgemeinen Grundsätze** der Datenverarbeitung sind z.B. in § 47 BDSG 2018 normiert, insbes. müssen personenbezogene Daten für festgelegte, eindeutige und rechtmäßige Zwecke erhoben und dürfen nicht in einer mit diesen Zwecken nicht zu vereinbarenden Weise verarbeitet werden (§ 47 Nr. 2 BDSG 2018).

Inwieweit eine **Vorratsdatenspeicherung** zulässig ist, ist noch nicht abschließend geklärt. Das BVerfG hatte die ursprüngliche Regelung für verfassungswidrig erklärt (BVerfG RÜ 2010, 243). Auch nach Auffassung des EuGH ist eine Vorratsdatenspeicherung nur unter engen Voraussetzungen zulässig (EuGH RÜ 2017, 180). Der Bundesgesetzgeber hat gleichwohl mit Wirkung ab 01.07.2017 erneut Speicherpflichten für Telekommunikationsdaten eingeführt (vgl. § 100g StPO, §§ 113 a ff. TKG). Eilanträge gegen das neue Gesetz hat das BVerfG abgelehnt, die Verwaltungsgerichte sehen überwiegend einen Verstoß gegen das Unionsrecht (OVG NRW NVwZ-RR 2018, 38). Die Bundesnetzagentur hat daraufhin die Verpflichtung zur Vorratsdatenspeicherung zunächst ausgesetzt.

Verdeckte Datenerhebung

c) Besondere Anforderungen bestehen vor allem für die **verdeckte** Datenerhebung (vgl. z.B. § 28 Abs. 2 Nr. 2 BPolG), die wegen ihrer Heimlichkeit einen besonders intensiven Grundrechtseingriff darstellt. Hier ist i.d.R. eine Gefahr für besondere Schutzgüter erforderlich, Eingriffe im Vorfeld von Gefahren sind nur unter engen Voraussetzungen zulässig (vgl. z.B. § 28 Abs. 1 BPolG).

3. Klausurwichtige Fälle

a) Befragung

aa) Begriff

Befragung = Herbeiführung einer Äußerung

Die Befragung ist eine Form der polizeilichen **Ermittlungstätigkeit**, d.h. der Erforschung eines polizeilich relevanten Sachverhalts. Befragung ist dabei jede **Herbeiführung einer Äußerung**. Die Polizei kann eine Person befragen, wenn Tatsachen die Annahme rechtfertigen, dass die Person sachdienliche Angaben machen kann, die für die Erfüllung einer bestimmten polizeilichen Aufgabe erforderlich sind (z.B. § 22 BPolG).

22 BPolG	20 PolG	30, 31 PAG	18 ASOG	11 PolG	27, 28 PolG	3 PolDVG	12 SOG	28 SOG	30, 31 SOG

9 PolG	9a POG	11 PolG	18 I PolG	14 SOG	180 LVwG	13 PAG

bb) Voraussetzungen

- Es müssen **Tatsachen die Annahme rechtfertigen**, dass der Betroffene sachdienliche Angaben machen kann.
- **Sachdienlich** sind alle Informationen, die dazu dienen können, die Aufgabenerfüllung der Polizei zu unterstützen.
- Die Angaben müssen zur Erfüllung einer **bestimmten polizeilichen Aufgabe** (Gefahrenabwehr oder Verhütung von Straftaten) **erforderlich** sein.

cc) Rechtsfolge

Die befragte Person ist **verpflichtet**, ihre **Personalien** anzugeben Eine **weitergehende Auskunftspflicht** (Angaben zur Sache) besteht für Störer und ggf. für den Nichtstörer, sowie für Personen, für die gesetzliche Handlungspflichten bestehen, soweit die Auskunft zur Abwehr einer Gefahr erforderlich ist (z.B. § 22 Abs. 2 BPolG).

In einigen Ländern (z.B. Hess, Nds, LSA) begründet das Vorliegen einer Gefahr generell eine umfassende Auskunftspflicht, was jedoch im Hinblick auf die Verhältnismäßigkeit verfassungsrechtlichen Bedenken ausgesetzt ist. Gesetzliche Handlungspflichten können sich z.B. aus § 138 StGB ergeben.

Nach § 136a StPO gelten insbesondere das Folterverbot und das Verbot der Drohung und Täuschung.

Ausnahmen von der Auskunftspflicht bestehen bei Zeugnisverweigerungs- und Auskunftsverweigerungsrechten nach §§ 52–55 StPO, § 136a StPO gilt entsprechend (vgl. z.B. § 22 Abs. 3 u. 4 BPolG).

Zum Zwecke der Befragung kann die Person **angehalten** werden. Auf Verlangen hat sie mitgeführte **Ausweispapiere** zur Prüfung auszuhändigen (z.B. § 22 Abs. 1 S. 2 u. 3 BPolG). Zur Durchsetzung der Auskunftspflicht ist ggf. eine **Vorladung** zulässig (z.B. § 25 Abs. 1 Nr. 1 BPolG, dazu unten S. 68).

Befragung

- **Begriff:** jede Herbeiführung einer Äußerung
- **Voraussetzungen:**
  Tatsachen rechtfertigen die Annahme, dass die Person sachdienliche Angaben für die Erfüllung einer bestimmten polizeilichen Aufgabe machen kann
- **Rechtsfolge:**
  - Pflicht zur Angabe der Personalien (jede Person)
  - erweiterte Auskunftspflicht zur Sache (Störer, ggf. Nichtstörer und bei gesetzlichen Handlungspflichten)
  - Ausnahmen nach §§ 52–55 StPO

b) Identitätsfeststellung

aa) Begriff

Identitätsfeststellung ist die Feststellung der Personalien einer Person. Sie erfolgt i.d.R. durch Einsichtnahme in die Ausweispapiere.

Identitätsfeststellung = Feststellung der Personalien

23 BPolG	26 PolG	13 I, II PAG	21 ASOG	12 PolG	11 PolG	4 PolDVG	18 SOG	29 SOG	13 I, II SOG

12 PolG	10 I, II POG	9 I, II PolG	19 PolG	20 SOG	181 LVwG	14 PAG

Beachte: Die Feststellung der Identität zum Zwecke der **Strafverfolgung** richtet sich dagegen nach §§ 163b, 163c StPO.

bb) Voraussetzungen

Die Identität einer Person kann i.d.R. festgestellt werden:

- zur **Abwehr einer Gefahr**
- an **gefährlichen Orten**
- an **gefährdeten Orten oder Objekten**
- an **Kontrollstellen**.

In allen Ländern kann die Identitätsfeststellung **zur Abwehr einer konkreten Gefahr** erfolgen (in Bay auch bei drohender Gefahr für ein bedeutendes Rechtsgut, s.o. S. 36). Bei **gefährlichen Orten** reicht i.d.R. die abstrakte Gefährlichkeit aus. Hierzu gehören vor allem kriminalitätsbelastete Orte, in einigen Ländern auch Orte der Prostitution oder des Glückspiels. **Gefährdete Orte** sind insbes. Verkehrs- und Versorgungsanlagen und öffentliche Verkehrsmittel. In einigen Ländern kann die Identitätsfeststellung auch zum **Schutz privater Rechte** erfolgen (z.B. Bay, Bln, Bbg, LSA und Thür).

cc) Rechtsfolge

Liegen die Voraussetzungen vor, kann die Polizei alle zur **Feststellung der Identität** „erforderlichen" Maßnahmen treffen. Sie kann die betroffene Person insbesondere anhalten, sie nach ihren Personalien **befragen** und verlangen, dass sie **Ausweispapiere** zur Prüfung aushändigt. Die betroffene Person kann **festgehalten** und ggf. **zur Dienststelle mitgenommen** werden, wenn ihre Identität auf andere Weise nicht oder nur unter erheblichen Schwierigkeiten

- Anhalten
- Befragen
- Prüfung Ausweis
- ggf. Festhalten
- ggf. Durchsuchung

festgestellt werden kann. In diesem Fall kann der Betroffene und die von ihm mitgeführten Sachen nach Gegenständen, die der Identitätsfeststellung dienen, **durchsucht** werden (z.B. § 23 Abs. 3 BPolG).

Als Gebot zum Nachweis der Identität ist die Identitätsfeststellung **Verwaltungsakt** i.S.d. § 35 VwVfG. Widerspruch und Anfechtungsklage (§ 42 Abs. 1 Fall 1 VwGO) werden sich aus Zeitgründen i.d.R. erledigen. In Betracht kommt dann eine **Fortsetzungsfeststellungsklage** (§ 113 Abs. 1 S. 4 VwGO).

Identitätsfeststellung

- **Begriff:** Feststellung der Personalien einer Person
- **Voraussetzungen:**
  - zur Abwehr einer Gefahr
  - an gefährlichen Orten
  - an gefährdeten Orten oder Objekten
  - an Kontrollstellen
- **Rechtsfolge:**
  - Anhalten
  - Befragen nach Personalien
  - Aushändigung und Prüfung von Ausweispapieren
  - Festhalten und ggf. Mitnahme zur Dienststelle
  - Durchsuchung

c) Erkennungsdienstliche Maßnahmen

aa) Begriff

Fingerabdrücke, Lichtbilder, Feststellung körperlicher Merkmale u.a.

Erkennungsdienstliche Maßnahmen (§ 24 BPolG) dienen dem Zweck der Identifizierung oder Wiedererkennung einer Person. Dazu gehören z.B. die Abnahme von Fingerabdrücken, die Aufnahme von Lichtbildern und die Feststellung anderer äußerer körperlicher Merkmale, in einigen Ländern (z.B. Hess und NRW) auch molekulargenetische Untersuchungen (DNA-Analyse).

Erkennungsdienstliche Maßnahmen zur **Strafverfolgung** ermöglicht § 81b StPO, der anders als das PolG solche Maßnahmen nur gegenüber dem „Beschuldigten" zulässt. Soweit § 81 b StPO reicht, verdrängt das Bundesrecht das landesrechtliche PolG (Art. 31 GG). Gegenüber Beschuldigten ist daher ein Rückgriff auf das PolG ausgeschlossen.

24 BPolG	36 PolG	14 PAG	23 ASOG	13 PolG	11b PolG	7 I–IV PolDVG	19 I, II SOG	31 SOG	15 SOG

14 PolG	11 POG	10 PolG	20 PolG	21 SOG	183 LVwG	16 PAG

bb) Voraussetzungen

Erkennungsdienstliche Maßnahmen sind zulässig,

- wenn eine **zulässige Identitätsfeststellung** auf andere Weise nicht oder nur unter erheblichen Schwierigkeiten möglich ist
- oder dies zur **Verhütung von Straftaten** erforderlich ist, weil die betroffene Person verdächtig ist, eine Straftat begangen zu haben und wegen der Art oder Ausführung der Tat die Gefahr einer Wiederholung besteht.

In Bay auch zur Abwehr einer Gefahr oder einer drohenden Gefahr für ein bedeutendes Rechtsgut (Art. 14 Abs. 1 S. 1 Nr. 3 BayPAG und oben S. 36).

cc) Rechtsfolge

Pflicht zur Befolgung und Duldung

Erkennungsdienstliche Maßnahmen werden überwiegend als **Verwaltungsakt** eingeordnet, da sie dem Betroffenen eine entsprechende Handlungs- und Duldungspflicht auferlegen. Der Betroffene hat die **Pflicht**, sich zur erkennungsdienstlichen Behandlung zu begeben und die erforderlichen Maßnahmen zu dulden. Die Vollstreckung erfolgt im gestreckten Verfahren (vgl. § 6 Abs. 1 VwVG) durch Zwangsgeld oder als ultima ratio durch unmittelbaren Zwang. Widerspruch und Anfechtungsklage haben aufschiebende Wirkung (§ 80 Abs. 1 VwGO), da es sich i.d.R. nicht um unaufschiebbare Maßnahmen i.S.d. § 80 Abs. 2 S. 1 Nr. 2 VwGO handelt.

Erkennungsdienstliche Maßnahmen

- **Begriff:** Maßnahmen zur Identifizierung oder Wiedererkennung einer Person (z.B. Fingerabdrücke, Lichtbilder)
- **Voraussetzungen:**
  - zur Identitätsfeststellung
  - zur Verhütung von Straftaten
  - Landesrecht teilweise weiter
- **Rechtsfolge:** Pflicht zur Befolgung und Duldung

d) Vorladung

aa) Begriff

Verbindliche Anordnung zum Erscheinen

Vorladung ist die **rechtlich verpflichtende Anordnung** an eine Person, zu einer bestimmten Zeit an einem bestimmten Ort zu erscheinen (z.B. auf dem Polizeirevier).

25 BPolG	27 PolG	15 PAG	20 ASOG	15 PolG	12 PolG	11 SOG	30 SOG	50 SOG	16 SOG

10 PolG	12 POG	11 II PolG	18 II PolG	35 SOG	199 LVwG	17 PAG

bb) Voraussetzungen

- Es müssen Tatsachen die Annahme rechtfertigen, dass die Person **sachdienliche Angaben** machen kann, die für die Erfüllung einer bestimmten polizeilichen Aufgabe erforderlich ist oder
- die Vorladung muss zur Durchführung **erkennungsdienstlicher Maßnahmen** erforderlich sein.

cc) Rechtsfolge

Verbindliche Anordnung

Die Vorladung begründet die **Pflicht zum Erscheinen**. Sie ist deshalb ein Verwaltungsakt i.S.d. § 35 VwVfG.

Nach § 163 StPO kann die Polizei eine Person auch zur Ermittlung von Straftaten vorladen. Diese Ladung begründet für Zeugen eine Rechtspflicht zum Erscheinen und zur Aussage nur, wenn der Ladung ein Auftrag der Staatsanwaltschaft zugrunde liegt (§ 163 Abs. 3 StPO), ebenso für den Beschuldigten bei der Staatsanwaltschaft (§ 163a Abs. 3 StPO) und bei der gerichtlichen Vorladung (§ 133 StPO).

Widerspruch oder Anfechtungsklage gegen die Vorladung entfalten grds. **aufschiebende Wirkung** (§ 80 Abs. 1 VwGO), es sei denn es handelt sich um eine unaufschiebbare Maßnahme nach § 80 Abs. 2 S. 1 Nr. 2 VwGO. Unter den Voraussetzungen des § 80 Abs. 2 S. 1 Nr. 4 VwGO kann die **sofortige Vollziehung** angeordnet werden.

Für den Fall des Nichterscheinens können **Zwangsmittel angedroht** werden (z.B. § 13 Abs. 1 u. 2 VwVG). Als Zwangsmittel kommen in Betracht Zwangsgeld und ggf. unmittelbarer Zwang (sog. **Vorführung**), vgl. § 25 Abs. 3 BPolG.

Vorladung

- **Begriff:** Anordnung an eine Person, zu einer bestimmten Zeit an einem bestimmten Ort zu erscheinen
- **Voraussetzungen:**
  - zur Befragung
  - zur Durchführung erkennungsdienstlicher Maßnahmen
- **Rechtsfolge:**
  - Pflicht zum Erscheinen
  - ggf. zwangsweise Vorführung

e) Videoüberwachung

Die Videoüberwachung ist ein relativ neues Mittel der Datenerhebung. Die Polizeigesetze unterscheiden:

- die **offene Überwachung**

  insbes. an öffentlichen Orten und Objekten und in öffentlichen Verkehrseinrichtungen sowie bei öffentlichen Veranstaltungen

- die **verdeckte Überwachung**

  außerhalb von Wohnungen und in bzw. aus Wohnungen

aa) Offene Überwachung

Offene Überwachung

Die **sichtbare** Überwachung des öffentlichen Raums durch Videokontrollen und -aufzeichnungen ist in allen Polizeigesetzen vorgesehen. Sie stellt einen Eingriff in das Recht auf informationelle Selbstbestimmung dar (Art. 2 Abs. 1 i.V.m. Art. 1 Abs. 1 GG), und zwar nach h.M. auch dann, wenn es sich um eine bloße Kamera-Monitor-Übertragung ohne Aufzeichnung handelt.

Str., vgl. VerfGH Bln RÜ 2014, 453, 454; ebenso NdsOVG RÜ 2016, 247, 248; jeweils zu Art. 8 GG.

26, 27 BPolG	21 PolG	32 PAG	24–24b ASOG	31 PolG	29 PolG	8 PolDVG	14 SOG	32 SOG	32 SOG

15, 15a PolG	27 POG	27 PolG	37 PolG	16 SOG	184 LVwG	33 PAG

Alle Länder erlauben die Videoüberwachung von **gefährdeten Objekten**, die meisten auch die Überwachung an **gefährlichen Orten**, an denen mit der Begehung von Straftaten zu rechnen ist (z.B. BW, Bay, Hbg, Hess, M-V, Nds, NRW, RP, Thür). Dasselbe gilt in fast allen Ländern für **öffentliche Verkehrseinrichtungen** (außer NRW und SH). Außerdem sehen alle Polizeigesetze die Videoüberwachung bei **öffentlichen Veranstaltungen** vor, die keine Versammlungen i.S.d. Art. 8 Abs. 1 GG, § 1 Abs. 1 VersG sind (vgl. z.B. § 26 BPolG).

Beispiel: Bei Versammlungen richtet sich die Videoüberwachung nach §§ 12a, 19a VersG bzw. entspr. LVersG. Die Überwachung von bloßen Ansammlungen, die anders als Versammlungen keinen gemeinsamen Zweck verfolgen, erfolgt dagegen nach dem PolG.

bb) Verdeckte Überwachung

(1) Überwachung außerhalb von Wohnungen

Verdeckte Überwachung außerhalb von Wohnungen

Die Voraussetzungen für eine verdeckte Video-/Audioüberwachung **außerhalb von Wohnungen** sind in den Ländern unterschiedlich geregelt. Einige Länder sehen den Einsatz lediglich zum Schutz vor **Straftaten von erheblicher Bedeutung** vor (so Bln, M-V, Saar und LSA). Die meisten Länder erlauben zudem die verdeckte Bild- und Tonüberwachung auch zur Abwehr sonstiger **erheblicher Gefahren** (so z.B. BW, Bay, Bbg, Hbg, Hess, Nds, NRW, RP, Sachs, Thür).

28 BPolG	22 PolG	33 PAG	25 ASOG	33 PolG	33 PolG	10 PolDVG	15 SOG	33 SOG	35 SOG

17 PolG	28 POG	28 PolG	38 PolG	17 SOG	185 LVwG	34 PAG

Adressat von Bild- und Tonaufnahmen ist in erster Linie der Verhaltensstörer, ggf. auch Dritte, z.B. Kontakt- und Begleitpersonen (vgl. §§ 21 Abs. 2, 28 Abs. 1 Nr. 2 BPolG).

(2) Verdeckte Überwachung in Wohnungen

Verdeckte Überwachung in oder aus Wohnungen

Erfolgt die verdeckte Video- bzw. Audioüberwachung in **Wohnungen** i.S.d. Art. 13 GG (wozu neben Privatwohnungen auch Betriebs- und Geschäftsräume zählen) sind die besonderen Vorgaben des Art. 13 Abs. 4 u. Abs. 5 GG zu beachten. Die Länder haben dem durch besondere Regelungen im PolG Rechnung getragen.

Nach den meisten Polizeigesetzen gelten die Sonderregelungen sowohl für die verdeckte Überwachung „in" Wohnungen als auch „aus" Wohnungen.

28 BPolG	23 PolG	34 PAG	25 IVa ASOG	33a PolG	33 II PolG	10a PolDVG	15 IV SOG	34 b SOG	35a SOG

18 PolG	29 POG	28a PolG	41 PolG	17 IV SOG	185 III LVwG	35 PAG

Die Überwachung ist i.d.R. nur zur Abwehr **dringender Gefahren** zulässig, d.h. nur zur Abwehr einer gegenwärtigen Gefahr für bedeutende Schutzgüter wie Leib, Leben oder Freiheit einer Person. Die Anordnung ist grds. dem **Richter** vorbehalten (Art. 13 Abs. 4 GG mit Ausnahmen in Abs. 5). Bei der Überwachung muss im Rahmen der Verhältnismäßigkeit insbesondere darauf geachtet werden, dass der **Kernbereich persönlicher Lebensgestaltung** geschützt bleibt.

Vgl. § 23 Abs. 5 PolG BW, Art. 34 Abs. 7 BayPAG, § 25 Abs. 4a S. 4 ASOG, § 15 Abs. 4 S. 4 HSOG, § 35a Abs. 3 NdsSOG, § 18 Abs. 4 PolG NRW, § 39 a POG RP, § 35 Abs. 6 ThürPAG.

Automatische Kennzeichenüberwachung

(3) Eine besondere Form der Videoüberwachung ist die automatische **Kennzeichenerfassung** (§ 27 b BPolG). Die **Voraussetzungen** sind höchst unterschiedlich. Teils ist die Kennzeichenerfassung nur zur Abwehr erheblicher Gefahren für bedeutende Rechtsgüter, teils generell zur Abwehr einer Gefahr zulässig (z.B. Bay, Hess), teilweise auch zur Verhütung bestimmter Straftaten (z.B. Nds, M-V, RP) oder zur Fahndung nach abhandengekommenen Fahrzeugen (z.B. Bay, Sachs).

Unzulässig ist eine anlasslose oder flächendeckende Überwachung. Auch muss der Verwendungszweck der Daten im Gesetz festgelegt sein (BVerfG RÜ 2008, 254).

III. Datenverarbeitung und Datennutzung

Alle Polizeigesetze enthalten umfangreiche Regelungen zur Datenverarbeitung (Speicherung, Veränderung) und Nutzung personenbezogener Daten, insbes. auch zur Übermittlung und zum Abgleich von Daten mit anderen Dateien (vgl. z.B. §§ 29 ff. BPolG).

Die landesrechtlichen Vorschriften differieren teilweise erheblich. In der Klausur haben die Vorschriften nur eine geringe Bedeutung. Deren Verfassungsmäßigkeit ist häufig Bedenken ausgesetzt, insbes. im Hinblick auf Bestimmtheit und Verhältnismäßigkeit (vgl. z.B. BVerfG RÜ 2016, 338 zum BKA-Gesetz).

Besondere praktische Bedeutung haben die Vorschriften über **Auskunftspflichten** der Behörde zu den gespeicherten Daten (z.B. § 45 PolG BW, § 29 HSOG, § 51 SächsPolG) und der **Anspruch auf Berichtigung und Löschung** (z.B. § 35 BPolG).

B. Entfernungsverfügungen

Die Landespolizeigesetze regeln i.d.R. drei Arten von Entfernungsverfügungen:

- den (kurzfristigen und punktuellen) **Platzverweis**,
- das (längere und ausgedehnte) **Aufenthaltsverbot** und
- die **Wohnungsverweisung**.

I. Platzverweis

1. Begriff

Platzverweis und Betretungsverbot

Mit dem Platzverweis können eine oder mehrere Personen **vorübergehend** von einem **bestimmten Ort** verwiesen oder ihnen vorübergehend das Betreten eines bestimmten Ortes verboten werden **(Betretungsverbot)**.

Handelt die Polizei repressiv, z.B. Absperrung eines Tatorts zur Spurensicherung, können die entsprechenden Anordnungen durch Festnahme nach § 164 StPO durchgesetzt werden.

38 BPolG	27a I PolG	16 I PAG	29 I ASOG	16 I PolG	14 I PolG	12 a SOG	31 I SOG	52 I SOG	17 I SOG
34 I PolG	13 I POG	12 I PolG	21 I PolG	36 I SOG	201 I LVwG	18 I PAG			

2. Voraussetzungen

Abwehr einer konkreten Gefahr

a) Der Platzverweis ist zur Abwehr einer **konkreten Gefahr für die öffentliche Sicherheit** (oder Ordnung) zulässig (in Bay auch bei einer drohenden Gefahr für ein bedeutendes Rechtsgut).

Beispiel: Behinderung der Arbeit von Polizei und Rettungskräften. Dagegen genügt z.B. Alkoholkonsum oder Belästigung von Anwohnern durch eine Gruppe von Punkern nicht für die Annahme einer Gefahr. Ebenso stellt stilles Betteln keine Gefahr dar. Aggressives Betteln kann dagegen einen Platzverweis rechtfertigen.

Während einer **Versammlung** darf kein Platzverweis gegen Versammlungsteilnehmer ausgesprochen werden (Polizeifestigkeit der Versammlung), wohl aber gegen Störer von Außen (wegen Verstoßes gegen § 2 Abs. 2 VersG). Nach **Auflösung** der Versammlung ist ein Platzverweis zulässig, wenn die Teilnehmer ihrer Entfernungspflicht (§§ 18 Abs. 1, 13 Abs. 2 VersG) nicht nachkommen.

b) Adressat des Platzverweises kann jeder Störer sein. Auch gegen Nichtstörer kommt ein Platzverweis in Betracht, wenn die Gefahr anders nicht abgewehrt werden kann (s.o. S. 43).

3. Rechtsfolge

Kurzfristige Verweisung für eng umgrenzte Örtlichkeit

a) Die Verweisung bzw. das Betretungsverbot kann nur **kurzfristig** erfolgen (Faustregel: maximal ein Tag) und bezieht sich nur auf eine **eng umgrenzte Örtlichkeit** (z.B. konkreter Platz, Straßenabschnitt, Eingangsbereich eines Gebäudes etc.). Längerfristige oder räumlich ausgedehnte Verbote können nur durch ein **Aufenthaltsverbot** (unten II.) erreicht werden.

b) Der Platzverweis ist **Verwaltungsakt** i.S.d. § 35 S. 1 VwVfG, erfolgt er gegenüber einer Personengruppe liegt eine **Allgemeinverfügung** (§ 35 S. 2 VwVfG) vor. Widerspruch und Anfechtungsklage haben i.d.R. keine aufschiebende Wirkung, da es sich um unaufschiebbare Maßnahmen i.S.d. § 80 Abs. 2 S. 1 Nr. 2 VwGO handelt. Als **Dauer-VA** müssen die Voraussetzungen für den Platzverweis fortdauernd vorliegen. Die Verfügung wird daher rechtswidrig, wenn die Gefahr nicht mehr besteht oder die Maßnahme nicht mehr zur Abwehr der Gefahr erforderlich ist. Nach Erledigung kommt eine **Fortsetzungsfeststellungsklage** (§ 113 Abs. 1 S. 4 VwGO) in Betracht, wenn ein berechtigtes Interesse an der Feststellung der Rechtswidrigkeit des Platzverweises besteht.

c) Der Platzverweis wird durch **unmittelbaren Zwang** (Abdrängen, Fortführen, Wegtragen) vollstreckt. Ausnahmsweise kann der Pflichtige in Gewahrsam genommen werden (s.u. S. 80). Wegen des damit verbundenen **erheblichen Grundrechtseingriffs** (Art. 2 Abs. 2, Art. 11 GG) ist die Durchsetzung des Platzverweises nur rechtmäßig, wenn der zugrunde liegende Platzverweis seinerseits rechtmäßig war (anders im allgemeinen Vollstreckungsrecht, dazu unten S. 107).

Platzverweis
■ **Begriff:** Vorübergehender Verweis von einem bestimmten Ort oder vorübergehendes Betretungsverbot
■ **Voraussetzung:** Gefahr für die öffentliche Sicherheit (oder Ordnung)
■ **Rechtsfolge:** – Pflicht zum Entfernen – Unterlassen des Betretens

II. Aufenthaltsverbot

1. Begriff

Aufenthaltsverbot für längere Zeit

Mit einem Aufenthaltsverbot wird einer Person der Aufenthalt in einem bestimmten Gebiet für längere Zeit verboten.

–	27a II PolG	16 II PAG	29 II ASOG	16 II PolG	14 II PolG	12b II SOG	31 III SOG	52 III SOG	17 IV SOG
34 II PolG	13 III POG	12 III PolG	21 II PolG	36 II SOG	201 II LVwG	18 III PAG			

Verfassungsrechtliche Bedenken im Hinblick auf Art. 73 Abs. 1 Nr. 3 GG

Zuweilen werden gegen die landesrechtlichen Vorschriften über das Aufenthaltsverbot **verfassungsrechtliche Bedenken** erhoben, denn nach Art. 73 Abs. 1 Nr. 3 GG hat der Bund die ausschließliche Gesetzgebungskompetenz über die „Freizügigkeit", sodass die Länder in diesem Bereich von der Gesetzgebung ausgeschlossen sind (Art. 71 GG). Die h.M. bejaht gleichwohl eine Zuständigkeit des Landesgesetzgebers: Aus dem Kriminalitätsvorbehalt in Art. 11 Abs. 2 GG ergebe sich, dass das Grundrecht auf Freizügigkeit eingeschränkt werden könne, um strafbaren Handlungen vorzubeugen. Dies sei anerkanntermaßen aber die Aufgabe der Polizei der Länder.

2. Voraussetzungen

a) Ein Aufenthaltsverbot ist zulässig, wenn Tatsachen die Annahme rechtfertigen, dass eine Person in einem bestimmten örtlichen Bereich eine **Straftat begehen** oder zu ihrer Begehung beitragen wird. **Örtlicher Bereich** kann das Gemeindegebiet oder ein Teil der Gemeinde sein.

Das Aufenthaltsverbot dient nur dem **Schutz vor Straftaten**. Andere Gefahren reichen nicht aus. Vorausgesetzt wird lediglich ein **Gefahrenverdacht**: Tatsachen müssen die Annahme der Begehung von Straftaten rechtfertigen. Erforderlich ist das Vorliegen **konkreter nachprüfbarer Tatsachen**, aufgrund derer mit hinreichender Wahrscheinlichkeit die Prognose getroffen werden kann, dass der Adressat eine Straftat begehen wird.

Beispiele: Aufenthaltsverbot für einen polizeibekannten Drogendealer für den Bereich der Drogenszene oder gegenüber Prostituierten im Sperrbezirk.

b) Anders als beim Platzverweis kommt als Adressat eines Aufenthaltsverbots nur der **Verhaltensstörer** in Betracht, d.h. nur derjenige, der verdächtig ist, Straftaten begehen zu wollen.

Beispiel: Kein generelles Aufenthaltsverbot für alle Fans eines Fußballvereins, auch wenn es in der Vergangenheit zu einzelnen Ausschreitungen gekommen ist (VG Darmstadt RÜ 2016, 459, 462).

3. Rechtsfolge

a) Das Aufenthaltsverbot darf sich nur auf das **Gebiet** erstrecken, in dem Straftaten zu befürchten sind (z.B. Drogenszene im Bereich des Bahnhofs). Die **zeitliche** Grenze schwankt zwischen drei Monaten (z.B. BW, Bay, Bbg, Hess, NRW, Sachs, SH, Thür), zehn Wochen (M-V) und zwölf Monaten (LSA).

Verhältnismäßigkeit

b) Besondere Bedeutung hat der Grundsatz der Verhältnismäßigkeit. **Geeignet** ist ein Aufenthaltsverbot bereits dann, wenn der Zweck gefördert wird, d.h. auch dann, wenn die Straftaten nicht verhindert, sondern lediglich an einen anderen Ort verdrängt werden. In der Regel ist das Aufenthaltsverbot auch **erforderlich**, wenn es kein weniger belastendes Mittel zur Verhütung von Straftaten gibt. **Angemessen** ist das Aufenthaltsverbot nur, wenn die Grundrechte des Betroffenen (Art. 2 Abs. 2, Art. 11 GG) ausreichend berücksichtigt werden.

c) Als **Verwaltungsakt** kann das Aufenthaltsverbot mit Widerspruch und Anfechtungsklage angefochten werden. Nach Erledigung (insb. durch Fristablauf) kommt unter den Voraussetzungen des § 113 Abs. 1 S. 4 VwGO eine Fortsetzungsfeststellungsklage in Betracht.

d) Aufenthaltsverbote sind i.d.R. keine unaufschiebbaren Maßnahmen i.S.d. § 80 Abs. 2 S. 1 Nr. 2 VwGO, sodass sie vor Bestandskraft nur bei Anordnung der sofortigen Vollziehung (§ 80 Abs. 2 S. 1 Nr. 4 VwGO) zwangsweise durchgesetzt werden können. Die Vollziehung erfolgt durch Androhung und Festsetzung eines Zwangsgeldes oder durch Gewahrsam (s.u. S. 80).

Aufenthaltsverbot

- **Begriff:** Verbot des Aufenthalts in einem bestimmten Gebiet für längere Zeit
- **Voraussetzung:** Tatsachen rechtfertigen die Annahme der Begehung einer Straftat in dem bestimmten Gebiet
- **Rechtsfolge:** räumlich und zeitlich beschränktes Verbot

Teilweise besteht darüber hinaus die Möglichkeit, zur Abwehr bestimmter Gefahren ein Aufenthaltsgebot oder ein Kontaktverbot zu erlassen (z.B. § 27b PolG BW zur Verhütung terroristischer Straftaten und Art. 16 Abs. 2 BayPAG zur Abwehr einer Gefahr oder einer drohenden Gefahr für ein bedeutendes Rechtsgut). Zur Möglichkeit der Aufenthaltsüberwachung, z.B. durch elektronische Fußfessel, vgl. § 27c PolG BW, Art. 32a BayPAG.

III. Wohnungsverweisung

1. Begriff

Mit der Wohnungsverweisung kann eine Person aus Gründen des Gewaltschutzes aus ihrer **Privatwohnung** sowie deren unmittelbarer Umgebung verwiesen und ihr die Rückkehr in diesen Bereich untersagt werden.

–	27a III PolG	16 I PAG	29a ASOG	16a PolG	14a PolG	12b I SOG	31 II SOG	52 II SOG	17 II SOG
34a PolG	13 II, IV POG	12 II PolG	21 III PolG	36 III SOG	201a LVwG	18 II PAG			

In Bayern wird für die Wohnungsverweisung auf die Regelung über den Platzverweis zurückgegriffen.

Wohnungsverweis und Rückkehrverbot

Zwar können die Betroffenen nach dem GewaltschutzG vor dem **Zivilgericht** selbst Schutzmaßnahmen beantragen. Um die Zeit bis zur Entscheidung des Zivilgerichts zu überbrücken, können Polizeibehörden (in einigen Ländern auch die Ordnungsbehörden) einen Gewalttäter vorübergehend aus seiner eigenen Wohnung verweisen und ihm die Rückkehr verbieten.

2. Voraussetzungen

Wohnungsverweis bei Gefahr für Leib, Leben oder Freiheit

Die tatbestandlichen Voraussetzungen variieren nach Landesrecht erheblich. In der Regel gilt, dass eine **Gefahr für Leib, Leben oder Freiheit** eines anderen Bewohners bestehen muss. Die Polizei darf sich dabei nicht allein auf die Angaben des Gefährdeten verlassen. Art, Häufigkeit und Intensität von Gewalthandlungen in der Vergangenheit sind ebenso von Bedeutung für die **Gefahrenprognose** wie etwaige Drohungen. In den meisten Ländern ist eine **gegenwärtige Gefahr** erforderlich. Die Einschätzung des Opfers ist unerheblich, deshalb kann die Wohnungsverweisung auch gegen deren Willen erfolgen.

3. Rechtsfolge

Ergänzende Maßnahmen zur Durchsetzung (z.B. Näherungsverbot, Kontaktverbot)

a) Auch die zu treffenden Maßnahmen differieren je nach Landesrecht erheblich. Die meisten Länder sehen die **Verweisung aus der Wohnung** und ein **Rückkehrverbot** vor, teilweise auch ein Näherungsverbot (z.B. BW, RP). Vereinzelt sind wie in § 1 Abs. 1 Gewalt-

SchG ausdrücklich auch **Kontaktverbote** vorgesehen (z.B. BW, RP). Soweit Spezialregelungen fehlen, können **ergänzende Anordnungen** auf die Generalklausel gestützt werden (z.B. die Anordnung, die Wohnungsschlüssel abzugeben).

Beispiel: Drohende Obdachlosigkeit des Adressaten führt nicht zur Unverhältnismäßigkeit der Wohnungsverweisung, weil der Betroffene in einer Obdachlosenunterkunft untergebracht werden kann.

Dauer der Wohnungsverweisung

In den meisten Ländern liegt die **Höchstdauer** der Wohnungsverweisung bei 14 Tagen (z.B. BW, Bln, Hess, M-V, Nds, Sachs, LSA, SH), teilweise bei 10 Tagen (z.B. Bbg, Brem, NRW, Thür), teilweise mit Verlängerungsmöglichkeit.

b) Gegen die Anordnung als **Verwaltungsakt** können Widerspruch und Anfechtungsklage erhoben werden. Bei der Wohnungsverweisung handelt es sich i.d.R. um eine unaufschiebbare Maßnahme, bei der die aufschiebende Wirkung nach § 80 Abs. 2 S. 1 Nr. 2 VwGO entfällt.

Rechtsschutz

Vorläufiger Rechtsschutz nach § 80 Abs. 5 S. 1 VwGO bleibt zumeist erfolglos, da es dem Adressaten i.d.R. zuzumuten ist, die wenigen Tage abzuwarten, es sei denn die Maßnahme ist offensichtlich rechtswidrig. Nach Fristablauf kann die Rechtswidrigkeit der Anordnung nur noch im Wege der **Fortsetzungsfeststellungsklage** festgestellt werden (§ 113 Abs. 1 S. 4 VwGO). Das erforderliche Fortsetzungsfeststellungsinteresse ergibt sich i.d.R. aus dem Gesichtspunkt der Rehabilitation (diskriminierende Wirkung).

c) Die Wohnungsverweisung und das Rückkehrverbot können durch **unmittelbaren Zwang**, ggf. durch **Gewahrsam** durchgesetzt werden (s.u. S. 80), ein etwaiges Kontaktverbot i.d.R. durch Zwangsgeld.

Soweit ein Kontaktverbot landesrechtlich nicht vorgesehen ist, kann es erforderlichenfalls auf die Generalklausel gestützt werden. Der Grundsatz der Spezialität steht nicht entgegen, da es sich bei den ergänzenden Anordnungen nicht um eine ortsbezogene Maßnahme handelt (anderer Zweck).

Wohnungsverweisung

- **Begriff:** Verweisung aus der Privatwohnung
- **Voraussetzung:** (gegenwärtige) Gefahr für Leib, Leben oder Freiheit
- **Rechtsfolge:** zeitlich befristete Verweisung mit Rückkehrverbot, ggf. ergänzende Anordnungen (z.B. Kontaktverbot)

1. Nennen Sie die wichtigsten Standardmaßnahmen zur Datenerhebung!	**1.** Standardmaßnahmen zur Datenerhebung sind insb. die Befragung, die Identitätsfeststellung, erkennungsdienstliche Maßnahmen, Überwachung der Telekommunikation, längerfristige Observation, Videoüberwachung, Abhören und Aufzeichnung von Gesprächen, Einsatz von verdeckten Ermittlern u.a.
2. Wann ist eine polizeiliche Befragung rechtmäßig?	**2.** Die Polizei kann eine Person befragen, wenn Tatsachen die Annahme rechtfertigen, dass die Person sachdienliche Angaben machen kann, die für die Erfüllung einer bestimmten polizeilichen Aufgabe erforderlich sind.
3. In welchen Fällen ist eine Identitätsfeststellung zulässig?	**3.** Die Identität einer Person kann insb. festgestellt werden zur Abwehr einer Gefahr, an gefährlichen Orten, an gefährdeten Orten oder Objekten und an Kontrollstellen.
4. Wann sind erkennungsdienstliche Maßnahmen zulässig?	**4.** Erkennungsdienstliche Maßnahmen sind zulässig, soweit dies zur Identitätsfeststellung oder (bei entsprechendem Verdacht) zur Verhütung von Straftaten erforderlich ist.
5. Wann ist eine Vorladung rechtmäßig?	**5.** Eine Vorladung ist i.d.R. nur rechtmäßig, wenn ■ Tatsachen die Annahme rechtfertigen, dass die Person sachdienliche Angaben machen kann, die für die Erfüllung einer bestimmten polizeilichen Aufgabe erforderlich sind oder ■ die Vorladung zur Durchführung erkennungsdienstlicher Maßnahmen erforderlich ist.
7. Welche Fälle unterscheiden die Polizeigesetze bei der Videoüberwachung?	**7.** Bei der Videoüberwachung unterscheiden die Polizeigesetze ■ die offene Überwachung an Orten und Objekten und in öffentlichen Verkehrseinrichtungen sowie bei öffentlichen Veranstaltungen und ■ die verdeckte Überwachung außerhalb von Wohnungen und in bzw. aus Wohnungen.
8. Welche Arten von Entfernungsverfügungen gibt es?	**8.** Die Polizeigesetze regeln i.d.R. drei Arten von Entfernungsverfügungen: ■ den (kurzfristigen und punktuellen) Platzverweis, ■ das (längere und ausgedehnte) Aufenthaltsverbot ■ und die Wohnungsverweisung.

C. Gewahrsam

I. Begriff

Gewahrsam ist das **Festhalten einer Person in einem eng umgrenzten Raum.** Die Begründung des Gewahrsams wird auch als **Ingewahrsamnahme** bezeichnet. Dabei muss es sich nicht zwingend um einen Haftraum handeln. Gewahrsam ist **jede Freiheitsentziehung** i.S.d. Art. 104 Abs. 2 GG.

Gewahrsam = jede Freiheitsentziehung

Beispiele: Festhalten in einem Raum oder in einer mobilen Sammelstelle (Polizeibus), Einkesselung einer Personengruppe, Verbringung an einen anderen Ort mit einem Polizeifahrzeug (sog. Verbringungsgewahrsam).

39 BPolG	28 PolG	17 PAG	30 ASOG	17 PolG	15 PolG	13 SOG	32 SOG	55 SOG	18 SOG

35 PolG	14 POG	13 PolG	22 PolG	37 SOG	204 LVwG	19 PAG

Keine Ingewahrsamnahme ist die bloße **Freiheitsbeschränkung** (Art. 104 Abs. 1 GG). Für die Abgrenzung entscheidend sind Art, Intensität und Dauer des Eingriffs.

Bloße Freiheitsbeschränkung ist keine Ingewahrsamnahme

Beispiel: Das Anhalten und Festhalten zum Zweck der Identitätsprüfung (s.o. S. 65) ist keine Ingewahrsamnahme. Wird der Betroffene dagegen in einem Raum festgehalten, so kann auch bei kurzzeitigen Maßnahmen eine Freiheitsentziehung und damit eine Ingewahrsamnahme vorliegen.

II. Voraussetzungen

Nach den meisten Landespolizeigesetzen kann eine Person insbes. in Gewahrsam genommen werden, wenn dies

- zum Schutz der Person gegen eine Gefahr für Leib oder Leben erforderlich ist, insbesondere weil die Person sich erkennbar in einem die freie Willensbestimmung ausschließenden Zustand oder sonst in hilfloser Lage befindet (sog. **Schutzgewahrsam**),
- unerlässlich ist, um die unmittelbar bevorstehende Begehung oder Fortsetzung einer Straftat oder einer Ordnungswidrigkeit (von erheblicher Bedeutung) für die Allgemeinheit zu verhindern (sog. **Sicherungsgewahrsam**),
- unerlässlich ist, um einen Platzverweis, ein Aufenthaltsverbot, eine Wohnungsverweisung oder ein Rückkehrverbot durchzusetzen (sog. **Durchsetzungsgewahrsam**).

Arten des Gewahrsams:

- Schutzgewahrsam
- Sicherungsgewahrsam
- Durchsetzungsgewahrsam

Einige Länder kennen darüber hinaus den Gewahrsam zum Schutz privater Rechte, zum Schutz der Personensorge und den sog. Wiederergreifungsgewahrsam bei Entwichenen (z.B. Bay, Hess, NRW).

1. Schutzgewahrsam

Schutzgewahrsam zu Schutz einer (hilflosen) Person

In allen Länder ist der Gewahrsam zum **Schutz** einer (hilflosen) Person zulässig. Typische Fälle sind Volltrunkene und Suizidgefährdete. In diesen Fällen hat der Staat nach Art. 2 Abs. 2 GG eine besondere **grundrechtliche Schutzpflicht**.

Die Anforderungen sind sprachlich allerdings unterschiedlich. Überwiegend wird lediglich gefordert, dass der Gewahrsam „erforderlich" ist, in einigen Ländern muss er „unerlässlich" sein. Unterschiede in der Sache ergeben sich daraus i.d.R. nicht, der Gewahrsam muss in jedem Fall ultima ratio bleiben.

2. Sicherungsgewahrsam

Sicherungsgewahrsam zur Verhinderung von Straftaten oder erheblichen Owi

In den meisten Ländern ist der **Sicherungsgewahrsam** nur zulässig, wenn dies zur Verhinderung von Straftaten oder Ordnungswidrigkeiten von erheblicher Bedeutung **unerlässlich** ist.

In einigen Ländern (z.B. BW, M-V und Sachs) ist die Ingewahrsamnahme allgemein zulässig, um eine unmittelbare erhebliche Gefahr für die öffentliche Sicherheit abzuwehren. Einige Landesgesetze enthalten konkretisierende Beispiele, z.B. Ankündigung von Straftaten, Auffinden von Waffen oder mehrfache Begehung ähnlicher Taten (z.B. Bay, Bbg, Hbg, LSA, Thür).

Beispiele: Verdacht der geplanten Teilnahme an einer verbotenen (Gegen-) Demonstration, Verstoß gegen das Vermummungsverbot (§ 17a Abs. 2 VersG), nicht dagegen die bloße Neigung zum Verstoß gegen gesetzliche Vorschriften. Ob Dauergefahren ausreichen (z.B. bei Gewohnheitsstraftätern wie Drogendealern oder Hütchenspielern), ist umstritten. In diesen Fällen dürfte der Gewahrsam i.d.R. zumindest nicht unerlässlich sein.

3. Durchsetzungsgewahrsam

Durchsetzungsgewahrsam zur Durchsetzung einer polizeilichen Entfernungsverfügung

In den meisten Ländern ist die Ingewahrsamnahme auch zulässig, wenn dies **unerlässlich** ist zur **Durchsetzung** einer polizeilichen Entfernungsverfügung (Platzverweis, Aufenthaltsverbot, Wohnungsverweisung). Da es sich hierbei um einen **besonders intensiven Grundrechtseingriff** handelt, ist der Gewahrsam in diesen Fällen (anders als bei gewöhnlichen Vollstreckungsmaßnahmen, s.u. S. 107) nur rechtmäßig, wenn die zugrunde liegende Entfernungsverfügung ihrerseits rechtmäßig war.

Beispiel: Ein aufgrund eines rechtswidrigen Platzverweises angeordneter Gewahrsam kann nie verhältnismäßig sein.

4. Adressat

Die Ingewahrsamnahme richtet sich i.d.R. gegen den **Verhaltensstörer**. Beim Schutzgewahrsam ist Adressat die hilflose Person, auch wenn sie die Gefahr nicht selbst verursacht. Aufgrund der Spezialität der Standardmaßnahmen müssen die Voraussetzungen des polizeilichen Notstands (s.o. S. 43) nicht vorliegen.

III. Rechtsfolge

Richtervorbehalt gem. Art. 104 Abs. 2 GG

1. Gemäß Art. 104 Abs. 2 GG muss jede Freiheitsentziehung und damit jeder Gewahrsam **richterlich angeordnet** werden. Die richterliche Entscheidung ist grundsätzlich **vor** der Ingewahrsamnahme einzuholen. Ist das ausnahmsweise nicht möglich, muss unverzüglich eine richterliche Entscheidung über die Fortdauer herbeigeführt werden. Zuständig ist das **Amtsgericht**, für das Verfahren gelten die §§ 415 ff. FamFG.

Umstritten ist, ob die Sonderzuweisung an die Amtsgerichte neben andauernden Ingewahrsamnahmen auch die Überprüfung erledigter Maßnahmen erfasst (so ausdrücklich in Bay, Bln, Nds). Für die Zuständigkeit der Amtsgerichte könnte die Sachnähe zu Haftsachen sprechen. Für den Verwaltungsrechtsweg spricht jedoch der Wortlaut des § 428 Abs. 2 FamFG („angefochten"), der von einer andauernden Freiheitsentziehung ausgeht. Fehlen Spezialregelungen, ist daher für die Überprüfung erledigter Maßnahmen nach § 40 Abs. 1 S. 1 VwGO der Verwaltungsrechtsweg eröffnet (so ausdrücklich § 13a Abs. 2 S. 4 HbgSOG).

Art und Weise und Dauer des Gewahrsams

2. Die Polizeigesetze enthalten ausführliche Regelungen zur **Behandlung** festgehaltener Personen (insb. Informations- und Benachrichtigungspflichten) sowie zu **Art und Weise der Unterbringung** (vgl. z.B. § 41 BPolG).

Die **Dauer** des Gewahrsams ist landesrechtlich unterschiedlich geregelt (i.d.R. ein bis 14 Tage, Bay: bis drei Monate mit Verlängerungsmöglichkeit). Eine Freiheitsentziehung zum Zwecke der Feststellung der Identität darf i.d.R. die Dauer von 12 Stunden nicht überschreiten (z.B. § 42 Abs. 2 BPolG).

Gewahrsam

- **Begriff:** Festhalten einer Person in einem eng umgrenzten Raum (= Freiheitsentziehung, nicht Freiheitsbeschränkung)
- **Voraussetzungen:**
  - zum Schutz gegen Gefahr für Leib oder Leben **(Schutzgewahrsam)**
  - zur Verhinderung einer Straftat/erheblichen Owi **(Sicherungsgewahrsam)**
  - zur Durchsetzung einer Entfernungsverfügung **(Durchsetzungsgewahrsam)**
- **Rechtsfolge:** Ingewahrsamnahme der Person
  - nur aufgrund richterlicher Anordnung, Art. 104 Abs. 2 GG
  - Informations- und Benachrichtigungspflichten
  - beschränkte Dauer

D. Durchsuchung von Personen und Sachen

I. Begriff

Durchsuchung = ziel- und zweckgerichtete Suche

1. Die Durchsuchung einer **Person** ist die ziel- und zweckgerichtete Suche nach bestimmten körperfremden Gegenständen am Körper oder in der getragenen Kleidung.

Davon zu unterscheiden ist die körperliche **Untersuchung** nach § 81a StPO im Rahmen eines Strafverfahrens, die sich auch auf das Körperinnere erstreckt. Eine präventive Durchsuchung nach dem PolG ist grds. nur in den ohne Weiteres zugänglichen Körperöffnungen (Mund, Nase, Ohren) zulässig. Allerdings ist in einigen Ländern die körperliche Untersuchung auch zum Zwecke der Gefahrenabwehr vorgesehen (z.B. Hbg, Hess, RP, Saar, LSA). Sofern keine Spezialregelungen bestehen, kann die körperliche Untersuchung im Hinblick auf den erheblichen Grundrechtseingriff auch nicht auf die Generalklausel gestützt werden.

2. Die Durchsuchung von (beweglichen oder unbeweglichen) **Sachen** bezieht sich auf das Auffinden von **körperlichen Gegenständen**.

Beispiele: Durchsuchung eines Kfz sowie von Gebäuden, die keine Wohnungen sind. Für die Durchsuchung von Wohnungen gelten Spezialregelungen (s.u. S. 85).

II. Voraussetzungen

1. Durchsuchung von Personen

Durchsuchung von Personen

a) Die Durchsuchung von **Personen** ist i.d.R. zulässig, wenn

- die Person nach gesetzlichen Vorschriften **festgehalten** werden darf,
- Tatsachen die Annahme rechtfertigen, dass sie Sachen mit sich führt, die **sichergestellt** werden dürfen,
- sie sich erkennbar in einem die freie Willensbestimmung ausschließenden Zustand oder sonst in **hilfloser Lage** befindet oder
- sie sich in einem **gefährdeten Objekt** oder in dessen unmittelbarer Nähe aufhält und Tatsachen die Annahme rechtfertigen, dass dort Straftaten begangen werden sollen, durch die Personen oder diese Objekte gefährdet sind.

43 BPolG	29 PolG	21 PAG	34 ASOG	21 PolG	19 PolG	15 SOG	36 SOG	53, 54 SOG	22 SOG
39 PolG	18 POG	17, 17a PolG	23 PolG	41 SOG	202, 203 LVwG	23 PAG			

Darüber hinaus lassen die meisten Polizeigesetze die Durchsuchung nach Waffen (z.B. § 43 Abs. 3 BPolG) oder an einer Kontrollstelle zu (z.B. Bln, RP und SH), in Bay auch bei drohender Gefahr für ein bedeutendes Rechtsgut. Darüber hinaus kennen alle Polizeigesetze die Durchsuchung zur Identitätsfeststellung, wenn diese auf andere Weise nicht festgestellt werden kann. Die Durchsuchung dient hier dem Auffinden von Ausweispapieren, die eine Identifizierung der Person ermöglichen (vgl. z.B. § 23 Abs. 3 S. 5 BPolG und oben S. 65).

2. Durchsuchung von Sachen

a) Die Durchsuchung einer **Sache** ist nach den meisten Polizeigesetzen zulässig, wenn

- sie von einer Person mitgeführt wird, die **durchsucht** werden darf,
- Tatsachen die Annahme rechtfertigen, dass sich in ihr eine **Person** befindet, die in **Gewahrsam** genommen werden darf, widerrechtlich **festgehalten** wird oder **hilflos** ist.
- Tatsachen die Annahme rechtfertigen, dass sich in ihr eine **andere Sache** befindet, die **sichergestellt** werden darf,
- sie sich an einem **gefährlichen/kriminalitätsbelasteten Ort** befindet,
- sie sich an **gefährdeten Orten** oder Objekten oder in deren unmittelbarer Nähe befindet und Tatsachen die Annahme rechtfertigen, dass dort Straftaten begangen werden sollen, durch die Personen oder diese Objekte gefährdet sind.

44 BPolG	30 PolG	22 PAG	35 ASOG	22 PolG	20 PolG	15a SOG	37 SOG	57 SOG	23 SOG

40 PolG	19 POG	18 PolG	24 PolG	42 SOG	206, 207 LVwG	24 PAG

Darüber hinaus lassen die meisten Polizeigesetze auch die Durchsuchung von **Fahrzeugen an Kontrollstellen** zu. In diesem Fall kann sich die Durchsuchung auch auf die in dem Fahrzeug befindlichen Sachen erstrecken (z.B. § 44 Abs. 3 Nr. 3 BPolG). Die Bundespolizei hat außerdem besondere Durchsuchungsmöglichkeiten im Grenzgebiet (§ 44 Abs. 2 BPolG).

3. Adressat

Richtiger Adressat der Durchsuchung ist i.d.R. der Verhaltens- oder Zustandsstörer, teilweise auch der Verdachtsstörer, ggf. auch der Nichtstörer (z.B. die hilflose Person).

Aufgrund der Spezialität der Standardmaßnahmen müssen im letztgenannten Fall nicht die Voraussetzungen des polizeilichen Notstands erfüllt sein (s.o. S. 43).

III. Rechtsfolge

Duldungspflicht

1. Der Betroffene hat die **Durchsuchung zu dulden**. Widerstand kann mit unmittelbarem Zwang gebrochen werden. Die Durchsuchung ist nach h.M. bloßer Realakt, nach a.A. enthält sie einen konkludenten DuldungsVA. In der Klausur geht es i.d.R. um die Rechtmäßigkeit erledigter Maßnahmen, sodass eine allgemeine Feststellungsklage (§ 43 Abs. 1 VwGO), nach a.A. eine Fortsetzungsfeststellungsklage analog § 113 Abs. 1 S. 4 VwGO statthaft ist.

Besondere Verfahrensanforderungen

2. In den Polizeigesetzen sind i.d.R. besondere **Verfahrensanforderungen** normiert, z.B. Anwesenheitsrecht (z.B. § 44 Abs. 4 S. 1 u. S. 2 BPolG) und Recht auf Bescheinigung (z.B. § 44 Abs. 4 S. 3 BPolG).

Personen dürfen außer bei Gefahr für Leib oder Leben nur von Personen gleichen Geschlechts oder Ärzten durchsucht werden (z.B. § 43 Abs. 4 BPolG).

Verhältnismäßigkeit

3. Bei der Durchsuchung von Personen kommt dem Grundsatz der **Verhältnismäßigkeit** besondere Bedeutung zu.

Beispiel: Im Hinblick auf die Menschenwürde (Art. 1 Abs. 1 GG) und das allgemeine Persönlichkeitsrecht (Art. 2 Abs. 1 i.V.m. Art. 1 Abs. 1 GG) ist eine mit einem vollständigen Entkleiden verbundene körperliche Durchsuchung nur ausnahmsweise zulässig. Umstritten ist zur Zeit vor allem, ob der Einsatz von sog. Nacktscannern zulässig ist.

Durchsuchung von Personen und Sachen

- **Begriff:** ziel- und zweckgerichtete Suche nach körperlichen Gegenständen (nicht Untersuchung)
- **Voraussetzungen:**
  - **Durchsuchung von Personen**
    - festgehaltene oder hilflose Personen
    - zum Zwecke der Sicherstellung von Sachen
    - zum Zwecke der Identitätsfeststellung
    - bei Aufenthalt an gefährlichen/gefährdeten Orten
  - **Durchsuchung von Sachen**
    - bei durchsuchten Personen
    - Person in der Sache
    - sicherzustellender Gegenstand in der Sache
    - Sache an gefährlichen/gefährdeten Orten
- **Rechtsfolge:** Duldung der Durchsuchung

E. Betreten und Durchsuchung von Wohnungen

I. Begriff

Im Hinblick auf den **Grundrechtsschutz** aus Art. 13 GG enthalten alle Polizeigesetze besondere Regelungen zum Betreten und Durchsuchen von Wohnungen. **Wohnung** in diesem Sinne ist nicht nur die Privatwohnung, sondern auch Betriebs- und Geschäftsräume, Nebengebäude und (nach den meisten Polizeigesetzen) auch befriedetes Besitztum (z.B. § 45 Abs. 1 S. 2 BPolG).

Beispiele: Wohngebäude, Büroräume, Krankenzimmer, Garagen, Gärten, nicht dagegen Hafträume und leerstehende Wohnungen.

45, 46 BPolG	31 PolG	23, 24 PAG	36, 37 ASOG	23, 24 PolG	21, 22 PolG	16, 16a SOG	38, 39 SOG	59, 60 SOG	24, 25 SOG
41, 42 PolG	20, 21 POG	19, 20 PolG	25 PolG	43, 44 SOG	208, 209 LVwG	25, 26 PAG			

- Die **Durchsuchung**, also das ziel- und zweckgerichtete Suchen in der Wohnung, um Personen oder Sachen zu finden, die der Betroffene nicht von sich aus offenbaren will, unterfällt dem qualifizierten Gesetzesvorbehalt des Art. 13 Abs. 2 GG, wonach Durchsuchungen nur durch den Richter, bei Gefahr im Verzug auch durch die in den Gesetzen vorgesehenen anderen Organe angeordnet und nur in der durch das Gesetz vorgesehenen Form durchgeführt werden dürfen.

Durchsuchung i.S.d. Art. 13 Abs. 2 GG = ziel- und zweckgerichtetes Suchen

Handelt die Polizei nicht präventiv, sondern **repressiv** zur Strafverfolgung, richtet sich die Durchsuchung nach §§ 102 ff. StPO. Sie dient nicht der Gefahrenabwehr, sondern der Sicherung von Beweismitteln im Strafverfahren.

- Das bloße **Betreten** einer Wohnung (ohne Durchsuchung) stellt dagegen einen sonstigen Eingriff i.S.d. Art. 13 Abs. 7 GG dar, der keiner richterlichen Entscheidung bedarf.

Betreten als sonstiger Eingriff i.S.d. Art. 13 Abs. 7 GG

- Der **Einsatz technischer Mittel zur Wohnungsüberwachung** (Art. 13 Abs. 3–6 GG, sog. Lauschangriff) ist durch spezielle Standardermächtigungen geregelt (vgl. z.B. § 28 Abs. 1 u. Abs. 2 Nr. 2 BPolG und oben S. 62).

„Lauschangriff" nur unter den Voraussetzungen des Art. 13 Abs. 3–6 GG

Für den Bereich der **Strafverfolgung** ist die akustische Wohnraumüberwachung in den §§ 100c, 100d StPO geregelt.

II. Voraussetzungen

1. Durchsuchung

Durchsuchung einer Wohnung

Die Landespolizeigesetze lassen die **Durchsuchung einer Wohnung** zu unterschiedlichen Zwecken und unter unterschiedlichen Voraussetzungen zu. Zumeist ist die Durchsuchung zulässig, wenn

- Tatsachen die Annahme rechtfertigen, dass sich in ihr eine **Person** befindet, die vorgeführt oder in **Gewahrsam genommen** werden darf,
- Tatsachen die Annahme rechtfertigen, dass sich in ihr eine **Sache** befindet, die **sichergestellt** werden darf oder
- die Durchsuchung zur Abwehr einer **gegenwärtigen Gefahr** für **Leib, Leben oder Freiheit** oder für Sachen von **bedeutendem Wert** erforderlich ist.

Einige Länder erlauben die Durchsuchung auch zur Abwehr von Emissionen, die zu einer erheblichen Belästigung der Nachbarschaft führen (z.B. Bln, Bbg, Hbg, Nds, NRW, Thür). Im Hinblick auf den Grundrechtsschutz des Art. 13 GG ist eine Durchsuchung zu diesem Zweck aber nur verhältnismäßig, wenn erhebliche Gesundheitsgefahren drohen. Eine schlaflose Nacht wegen zu lauter Musik genügt dafür i.d.R. nicht (anders bei dauerhaften Störungen).

2. Betreten

Betreten von Wohnungen bei dringender Gefahr

Das Betreten von Wohnungen erfordert im Gegensatz zur Durchsuchung keine richterliche Entscheidung, nach Art. 13 Abs. 7 GG aber das Vorliegen einer **dringenden Gefahr**. Im Hinblick auf die Bedeutung des Grundrechts ist hierfür nicht nur eine besondere Schadensnähe, sondern eine Gefahr für ein **bedeutendes Rechtsgut** erforderlich (insbes. Leib, Leben, Freiheit).

Die Polizeigesetze lassen zur Abwehr dringender Gefahren, das Betreten außer in den Fällen der Durchsuchung i.d.R. auch zu, wenn **Tatsachen die Annahme rechtfertigen**,

- dass dort Personen **Straftaten** (von erheblicher Bedeutung) verabreden, vorbereiten oder verüben,
- sich dort gesuchte **Straftäter** verbergen oder
- Personen **ohne erforderlichen Aufenthaltstitel** anzutreffen sind.

Vgl. z.B. § 45 Abs. 3 BPolG. Einige Länder erlauben das Betreten auch zur Kontrolle der Prostitution (z.B. Bay, Hess, M-V, NRW, SH, Thür) oder zur Bekämpfung des unerlaubten Glückspiels (z.B. M-V und SH).

Arbeits-, Betriebs- und Geschäftsräume sowie andere Räume und Grundstücke, die der Öffentlichkeit zugänglich sind, dürfen allgemein zum Zwecke der Gefahrenabwehr während der Arbeits- und Geschäftszeiten betreten werden (z.B. § 45 Abs. 5 BPolG).

III. Rechtsfolge

Rechtsschutz

1. Das Betreten und die Durchsuchung (bei Gefahr im Verzug) sind zwar als solche nur Realakte, der Maßnahme liegt jedoch nach herrschendem Verständnis i.d.R. eine behördliche Anordnung, also ein **Verwaltungsakt** zugrunde. Da sich die Anordnung i.d.R. kurzfristig erledigt, kann ihre Rechtmäßigkeit durch **Fortsetzungsfeststellungsklage** (§ 113 Abs. 1 S. 4 VwGO) überprüft werden.

Für die richterliche Durchsuchungsanordnung (Art. 13 Abs. 2 GG) gelten die Vorschriften des FamFG (z.B. § 46 Abs. 1 BPolG). Statthaftes Rechtsmittel gegen die Anordnung ist die Beschwerde gem. §§ 58 ff. FamFG. Diese bleibt auch nach Erledigung (Durchführung der Durchsuchung) statthaft.

Besondere Verfahrensanforderungen

2. Bzgl. des **Verfahrens** bei Durchsuchungen enthalten alle Polizeigesetze spezielle Anforderungen, insb. Richtervorbehalt, Anwesenheitsrecht, Niederschrift (z.B. § 46 BPolG). Während der **Nachtzeit** (§ 104 Abs. 3 StPO) ist das Betreten und Durchsuchen einer Wohnung i.d.R. nur zur Abwehr einer gegenwärtigen Gefahr für Leib, Leben oder Freiheit einer Person oder für Sachen von bedeutendem Wert zulässig (z.B. § 45 Abs. 2 BPolG).

Betreten und Durchsuchung von Wohnungen

- **Begriff:** Betreten der Wohnung und/oder ziel- und zweckgerichtete Suche nach Personen oder Sachen in der Wohnung (auch Betriebs- und Geschäftsräume)
- **Voraussetzungen:**
  - **Betreten** der Wohnung zur Abwehr einer dringenden Gefahr (Art. 13 Abs. 7 GG), insbes.
    - zur Verhütung von (erheblichen) Straftaten
    - zur Ergreifung von Straftätern
  - **Durchsuchung** der Wohnung (Art. 13 Abs. 2 GG)
    - zur Ingewahrsamnahme einer Person
    - zur Sicherstellung einer Sache
    - zur Abwehr einer gegenwärtigen Gefahr für Leib, Leben oder Freiheit oder erhebliche Sachwerte
    - teilweise auch bei belästigenden Emissionen
- **Rechtsfolge:** Duldung des Betretens/der Durchsuchung
  - Richtervorbehalt bei Durchsuchung (Art. 13 Abs. 2 GG, Ausn. bei Gefahr im Verzug)
  - Einschränkungen zur Nachtzeit

F. Sicherstellung

I. Begriff

Sicherstellung = Inobhutnahme einer Sache in staatlichen Gewahrsam

Sicherstellung ist die **Inobhutnahme** einer beweglichen oder unbeweglichen Sache in **staatlichen Gewahrsam**. Die Verwahrung ist daher notwendige Folge einer Sicherstellung.

Beispiele: Sicherstellung eines Fotoapparats bei Verstoß gegen das KunstUrhG (BVerfG RÜ 2015, 800), Sicherstellung eines Fahrzeugs zum Schutz des Eigentümers (Sächs OVG RÜ 2016, 328), Sicherstellung von „verdächtigem" Geld (OVG NRW RÜ 2010, 730). Wird das Geld auf ein Bankkonto eingezahlt, kann es als Buchgeld nach h.M. nicht mehr sichergestellt werden, eine analoge Anwendung der Sicherstellungsvorschriften scheidet mangels vergleichbarer Interessenlage aus (BayVGH RÜ 2016, 812).

Gegenbeispiel: Eine Maßnahme, die an den Gewahrsamsverhältnissen nichts ändert (Einweisung des bisherigen Mieters in die von ihm bewohnte Wohnung zur Vermeidung drohender Obdachlosigkeit), ist nach h.M. keine Sicherstellung.

47 BPolG	32, 33 PolG	25 PAG	38 ASOG	25 PolG	23 PolG	14 SOG	40 SOG	61 SOG	26 SOG

43 PolG	22 POG	21 PolG	26, 27 PolG	45 SOG	210 LVwG	27 PAG

In Baden-Württemberg und Sachsen wird zwischen **Sicherstellung** (zum Schutz des Gegenstands) und **Beschlagnahme** (zum Schutz der öffentlichen Sicherheit und Ordnung) unterschieden. In den übrigen Ländern erfasst die Sicherstellung beide Fälle. **Beachte:** Die Beschlagnahme von Beweismitteln im Strafverfahren richtet sich nach §§ 94 ff. StPO.

II. Voraussetzungen

Nach den Polizeigesetzen kann die Polizei eine Sache sicherstellen,

- um eine **gegenwärtige Gefahr** abzuwehren,
- um den Eigentümer oder den rechtmäßigen Inhaber der tatsächlichen Gewalt **vor Verlust oder Beschädigung** der Sache **zu schützen**,
- wenn sie von einer Person mitgeführt wird, die kraft Gesetzes **festgehalten** wird und die Sache zur Selbst- oder Fremdverletzung, Beschädigung oder Flucht verwendet werden kann.

1. Abwehr einer gegenwärtigen Gefahr

Wichtigster Fall ist die Sicherstellung zur **Abwehr einer gegenwärtigen Gefahr**. Die Gefahr kann dabei von der Sache selbst ausgehen (z.B. Waffen) oder sich aus dem Verhalten des Besitzers ergeben (z.B. Sicherstellung eines Kfz bei illegalen Straßenrennen). Eine **gegenwärtige Gefahr** liegt nur bei einer besonderen Schadensnähe vor, d.h. mit dem Schaden muss **unmittelbar**, also in allernächster Zeit **mit an Sicherheit grenzender Wahrscheinlichkeit** zu rechnen sein.

Sicherstellung zur Abwehr einer gegenwärtigen (unmittelbaren) Gefahr

In einigen Ländern (z.B. Hess, M-V, LSA) reicht es aus, dass tatsächliche Anhaltspunkte die Annahme rechtfertigen, dass die Sache zur Begehung einer Straftat oder Ordnungswidrigkeit verwendet werden soll.

Beispiele: Die Sicherstellung von Bargeld (sog. präventive Gewinnabschöpfung) ist zur Verhinderung von Straftaten zulässig, z.B. wenn die konkrete Gefahr besteht, dass das Geld für Rauschgiftdelikte eingesetzt wird (OVG NRW RÜ 2010, 730). Radarwarngeräte können sichergestellt werden, wenn die Gefahr eines Verstoßes gegen § 23 Abs. 1c StVO besteht.

Eine Sicherstellung von Kraftfahrzeugen bei drohenden Verkehrsverstößen ist dagegen i.d.R. nicht zulässig, da davon auszugehen ist, dass sich Verkehrsteilnehmer i.d.R. durch die im Straßenverkehrsrecht vorgesehenen Sanktionen (Bußgeld und Fahrverbot, §§ 24, 25 StVG) von der umgehenden Begehung erneuter Verkehrsverstöße abhalten lassen. Etwas anderes kann bei Alkohol- und Drogenkonsum oder unerlaubten Wettrennen gelten (BayVGH RÜ 2009, 393).

Das Abschleppen eines verkehrswidrig abgestellten Fahrzeuges ist nach h.M. i.d.R. keine Sicherstellung, sondern eine Ersatzvornahme oder eine unmittelbare Ausführung (s.u. S. 108).

2. Schutz des Eigentümers

Eine Sicherstellung zum **Schutz des Eigentümers** oder rechtmäßigen Inhabers der tatsächlichen Gewalt ist zulässig, wenn die Sache nur auf diese Weise vor Beschädigung oder Verlust geschützt werden kann.

Sicherstellung zum Schutz des Eigentümers

Beispiel: Sicherstellung eines unverschlossenen Kraftfahrzeuges oder verlorener Gegenstände.

In diesen Fällen handelt es sich bei der Sicherstellung um einen besonders geregelten Fall der **Geschäftsführung ohne Auftrag**. Sie ist daher grds. nur rechtmäßig, wenn sie dem wirklichen oder (objektivierten) mutmaßlichen Willen des Geschäftsherrn entspricht (SächsOVG RÜ 2016, 328, 331).

Beispiel: Die Sicherstellung eines stark beschädigten Kraftfahrzeuges kann unverhältnismäßig sein, wenn die Kosten der Sicherstellung und Verwahrung den Restwert des Fahrzeuges praktisch aufzehren.

3. Sicherstellung bei festgehaltenen Personen

Bei Personen, die von der Polizei **festgehalten** werden können, können Sachen sichergestellt werden, wenn diese geeignet sind, sich zu töten oder zu verletzen, Leben oder Gesundheit anderer zu

Sicherstellung bei festgehaltenen Personen

schädigen, fremde Sachen zu beschädigen oder wenn die Sache zur Flucht verwendet werden kann (z.B. § 47 Nr. 3 BPolG).

III. Rechtsfolge

Sicherstellungsverfügung = Verwaltungsakt

1. Da die Sicherstellung eine Verfügung darstellt, die den Adressaten verpflichtet, die Sache herauszugeben bzw. die Wegnahme zu dulden, handelt es sich um einen **Verwaltungsakt**, der mit Widerspruch und/oder Anfechtungsklage angefochten werden kann. Wird die Sache nicht freiwillig herausgegeben, kann die Sicherstellungsverfügung durch Zwangsgeld, ggf. durch unmittelbaren Zwang (Wegnahme) durchgesetzt werden. **Rechtsbehelfe** haben i.d.R. aufschiebende Wirkung, es sei denn, es handelt sich um eine unaufschiebbare Anordnung nach § 80 Abs. 2 S. 1 Nr. 2 VwGO oder die Behörde ordnet die sofortige Vollziehung an (§ 80 Abs. 2 S. 1 Nr. 4 VwGO).

Maßgeblicher Zeitpunkt: Erlass der Sicherstellungsverfügung, bei Wegfall der Voraussetzungen: Herausgabeanspruch

2. Maßgeblicher Zeitpunkt für die Beurteilung der Rechtmäßigkeit der Sicherstellungsverfügung ist der Zeitpunkt ihres Erlasses. Fallen die Voraussetzungen für die Sicherstellung nachträglich weg, sind die Sachen an denjenigen **herauszugeben**, bei dem sie sichergestellt worden sind (z.B. § 50 Abs. 1 S. 1 BPolG). Die Herausgabe ist ausgeschlossen, wenn dadurch die Voraussetzungen für eine Sicherstellung erneut eintreten würden (z.B. § 50 Abs. 1 S. 3 BPolG).

Der Herausgabeanspruch kann nach § 40 Abs. 2 Hs. 1 Fall 2 VwGO vor den ordentlichen Gerichten oder als Folgenbeseitigungsanspruch auch im Verwaltungsrechtsweg (§ 40 Abs. 1 S. 1 VwGO) durchgesetzt werden. Statthafte Klageart ist die allgemeine Leistungsklage, ggf. auch als Annexantrag nach § 113 Abs. 1 S. 2 VwGO.

ör Verwahrung

3. Durch die Sicherstellung wird ein **öffentlich-rechtliches Verwahrungsverhältnis** begründet (z.B. § 48 BPolG). Dabei handelt es sich um ein verwaltungsrechtliches Schuldverhältnis, aus dem sich vertragsähnliche Schadensersatzansprüche ergeben können.

Beispiel: Schadensersatzanspruch analog § 280 BGB bei unsorgfältiger Verwahrung (BGH RÜ 2014, 332, 335).

Kosten

4. Die **Kosten** der Sicherstellung und Verwahrung fallen dem Störer zur Last (z.B. § 50 Abs. 3 S. 1 BPolG). Kosten sind Auslagen und Gebühren. Der Kostenerstattungsanspruch besteht allerdings nur, wenn Sicherstellung und Verwahrung **rechtmäßig** sind.

Beispiel: Kosten für die Verwahrung eines nicht abgeschlossenen Pkw sowie Gebühr für die Sicherstellung.

Kostenpflichtig ist nur der Verhaltens- oder Zustandsstörer, nicht der Nichtstörer. Mehrere Verantwortliche haften als Gesamtschuldner (z.B. § 50 Abs. 3 S. 2 BPolG).

Die Herausgabe kann von der Zahlung der Kosten abhängig gemacht werden, es besteht also ein **Zurückbehaltungsrecht** gegenüber dem Herausgabeanspruch (z.B. § 50 Abs. 3 S. 3 BPolG). Die Kosten können auch durch **Leistungsbescheid** geltend gemacht und im Verwaltungsvollstreckungsverfahren beigetrieben werden (z.B. § 50 Abs. 3 S. 5 BPolG). Nach h.Rspr. kann die Behörde wahlweise auch **Leistungsklage** vor dem Verwaltungsgericht erheben.

Durchsetzung des Kostenerstattungsanspruchs:
- Zurückbehaltungsrecht
- Leistungsbescheid
- Leistungsklage

Die Gegenansicht verneint das Rechtsschutzbedürfnis für eine Leistungsklage, da die Durchsetzung mittels Leistungsbescheides der einfachere und schnellere Weg sei. Die Rspr. bejaht das Rechtsschutzbedürfnis gleichwohl, da dann, wenn der Bürger nicht freiwillig zahlt, ohnehin mit der Anfechtung des Leistungsbescheides zu rechnen ist, sodass es gerechtfertigt sei, dass auch der Hoheitsträger sogleich klagen könne.

Verwertung

5. In bestimmten Fällen kann die Sache **verwertet** werden, damit sie nicht verwahrt werden muss.

Beispiele: Drohender Verderb oder wesentliche Wertminderung, unverhältnismäßige Kosten, fortbestehende Gefahr auch bei Verwahrung, keine fristgerechte Abholung (vgl. z.B. § 49 Abs. 1 BPolG).

Vernichtung

Würden bei einer Verwertung die Gründe, die zur Sicherstellung geführt haben, fortbestehen oder erneut entstehen, ist eine **Vernichtung** oder Unbrauchbarmachung zulässig (z.B. § 49 Abs. 4 BPolG).

Das ist z.B. der Fall, wenn die Sache für sich gesehen gefährlich ist, unabhängig davon, in wessen Hand sie sich befindet (z.B. Sprengkörper). In einigen Ländern besteht darüber hinaus die Möglichkeit der **Einziehung** zugunsten des Fiskus (z.B. Brem, Hbg, SH).

Sicherstellung

- **Begriff:**
  Inhobhutnahme einer beweglichen oder unbeweglichen Sache in staatlichen Gewahrsam
- **Sicherstellungsgründe:**
  - Abwehr einer gegenwärtigen Gefahr
  - Schutz des Eigentümers vor Verlust oder Beschädigung
  - Sicherstellung bei festgehaltenen Personen
- **Folge:**
  - öffentlich-rechtliches Verwahrungsverhältnis
  - Herausgabeanspruch, wenn Voraussetzungen wegfallen
  - Kostenpflicht des Störers
  - ggf. Verwertung oder Vernichtung

1. Was versteht man unter Gewahrsam?	**1.** Gewahrsam ist das Festhalten einer Person in einem eng umgrenzten Raum, d.h. jede Freiheitsentziehung, nicht die bloße Freiheitsbeschränkung.
2. Wann kann eine Person insb. in Gewahrsam genommen werden?	**2.** Die Ingewahrsamnahme ist i.d.R. zulässig. ■ zum Schutz der Person gegen eine Gefahr für Leib oder Leben (sog. Schutzgewahrsam), ■ zur Verhinderung einer Straftat oder erheblichen Ordnungswidrigkeit (sog. Sicherungsgewahrsam), ■ zur Durchsetzung eines Platzverweises, eines Aufenthaltsverbotes oder einer Wohnungsverweisung (sog. Durchsetzungsgewahrsam).
3. In welchen Fällen ist eine Personendurchsuchung zulässig?	**3.** Die Durchsuchung von Personen ist i.d.R. zulässig bei festgehaltenen oder hilflosen Personen, zum Zwecke der Sicherstellung von Sachen, bei Aufenthalt an gefährlichen oder gefährdeten Orten sowie zum Zwecke der Identitätsfeststellung.
4. In welchen Fällen ist eine Durchsuchung von Sachen zulässig?	**4.** Die Durchsuchung von Sachen ist i.d.R. zulässig bei durchsuchten Personen, bei Verdacht des Verbergens oder Festhaltens von Personen in der Sache, bei sicherzustellender Sache in der Sache oder bei Sachen an gefährlichen oder gefährdeten Orten.
5. Wann ist das Betreten von Wohnungen zulässig?	**5.** Das Betreten von Wohnungen erfordert das Vorliegen einer dringenden Gefahr (Art. 13 Abs. 7 GG), d.h. einer gegenwärtigen erheblichen Gefahr, z.B. zur Verhütung von (erheblichen) Straftaten oder zur Ergreifung von Straftätern.
7. Unter welchen Voraussetzungen ist die Durchsuchung einer Wohnung i.d.R. zulässig?	**7.** Die Durchsuchung der Wohnung (Art. 13 Abs. 2 GG) ist aufgrund richterlicher Anordnung insb. zulässig zur Ingewahrsamnahme einer Person, zur Sicherstellung einer Sache, zur Abwehr einer gegenwärtigen Gefahr für Leib, Leben oder Freiheit oder erhebliche Sachwerten, teilweise auch bei belästigenden Emissionen.
8. Wann ist die Sicherstellung einer Sache zulässig?	**8.** Eine Sicherstellung ist insbes. zulässig, ■ um eine gegenwärtige Gefahr abzuwehren, ■ zum Schutz vor Verlust oder Beschädigung, ■ bei festgehaltenen Personen und bestimmter Eignung der Sache.

5. Abschnitt: Gefahrenabwehrverordnung

A. Begriff

Gefahrenabwehr durch RechtsVO

Nach den allgemeinen Ordnungsgesetzen (und einigen Spezialgesetzen) kann die Polizei-/Ordnungsbehörde **Rechtsverordnungen** zur Gefahrenabwehr erlassen.

–	10 ff. PolG	16 ff. LStVG	55 ff. ASOG	24 ff. OBG	48 ff. PolG	1, 2 SOG	71 ff. SOG	17 ff. SOG	54 ff. SOG
25 ff. OBG	43 ff. POG	59 ff. PolG	9 ff. PolG	93 ff. SOG	175, 335 LVwG	27 ff. OBG			

Spezialgesetzliche Ermächtigungen finden sich z.B. für Sperrzeitverordnungen in § 18 GastG (bzw. entspr. Landesrecht) und für verkaufsoffene Sonntage im Ladenöffnungsrecht einiger Länder (vgl. z.B. § 14 Abs. 1 LSchlG, § 6 Abs. 4 LÖG NRW, § 10 S. 1 LadÖffnG RP, § 10 Abs. 3 ThürLadÖffG).

Definition

Gefahrenabwehrverordnungen enthalten

- **Gebote** und **Verbote**,
- die für eine **unbestimmte Anzahl von Fällen**
- an eine **unbestimmte Anzahl von Personen**
- zur **Abwehr einer (abstrakten) Gefahr** gerichtet sind.

Vgl. die Legaldefinition z.B. in § 24 BbgOBG, § 48 BremPolG, § 71 HSOG, § 25 OBG NRW, § 59 Abs. 2 SPolG, § 9 SächsPolG, § 53 LVwG SH.

- **abstrakt-generelle** Regelung durch RechtsVO
- **konkret-individuelle** Regelung durch VA
- **konkret-generelle** Regelung durch
  - Allgemeinverfügung
  - RechtsVO

Während Gefahrenabwehrverordnungen **abstrakt-generelle** Regelungen enthalten, trifft die Polizei-/Ordnungsverfügung als Verwaltungsakt i.S.d. § 35 S. 1 VwVfG eine **konkret-individuelle** Regelung, die sich in einem Einzelfall an eine bestimmte Person richtet. Verwaltungsakt ist aber auch die **konkret-generelle** Regelung, die sich in einem konkreten Fall an einen nach allgemeinen Merkmalen bestimmten oder bestimmbaren Personenkreis richtet (personenbezogene **Allgemeinverfügung**, § 35 S. 2 Fall 1 VwVfG).

Beispiel ist ein Versammlungsverbot, dass sich an alle potentiellen Versammlungsteilnehmer richtet (OVG Hamburg NVwZ-RR 2017, 969).

Die Abgrenzung von personenbezogener Allgemeinverfügung und RechtsVO kann im Einzelfall schwierig sein. Nach h.M. ist entscheidend, ob der Personenkreis **im Wesentlichen** bestimmt ist (dann **Allgemeinverfügung**) oder ob von der Regelung theoretisch wie praktisch **jedermann** erfasst werden kann (dann **RechtsVO**).

Beispiele: Das Verkaufsverbot für Endiviensalat, der im Verdacht stand, mit Typhusbakterien belastet zu sein, erging durch Allgemeinverfügung. Zwar war der Adressatenkreis im Zeitpunkt des Erlasses des Verbotes nicht genau bestimmbar. Es handelte sich jedoch um eine partielle Unbestimmtheit, die die Allgemeinverfügung begrifflich nicht ausschließt (BVerwGE 12, 87, 89 f. – Endiviensalatfall). Ebenso ist das Verbot, auf einem Volksfest sog. Rockerkutten zu tragen, als Allgemeinverfügung qualifiziert worden (OVG NRW RÜ 2015, 670).

B. Rechtmäßigkeit einer GefahrenabwehrVO

Rechtmäßigkeit einer GefahrenabwehrVO:
- **Ermächtigungsgrundlage**
- **formelle** Rechtmäßigkeit
- **materielle** Rechtmäßigkeit

Wie jede untergesetzliche Rechtsnorm ist die GefahrenabwehrVO nur rechtmäßig, wenn

- sie auf einer **wirksamen Ermächtigungsgrundlage** beruht,
- die Zuständigkeits-, Verfahrens- und Formvorschriften eingehalten sind **(formelle Rechtmäßigkeit)** und
- die Verordnung sachlich mit dem geltenden Recht im Einklang steht **(materielle Rechtmäßigkeit)**.

GefahrenabwehrVO

I. Ermächtigungsgrundlage
- Spezialgesetz
- Generalklausel

II. Formelle Rechtmäßigkeit
1. **Zuständigkeit** (sachlich, instanziell, örtlich)
2. **Verfahren**
3. **Form**, insbes. Zitiergebot
4. **Ordnungsgemäße Verkündung**

III. Materielle Rechtmäßigkeit
1. **Voraussetzungen der Ermächtigungsgrundlage**
   a) Schutzgut der öffentlichen Sicherheit oder Ordnung
   b) Abstrakte Gefahr
2. **Kein Verstoß gegen höherrangiges Recht**
3. **Richtiger Adressat**
4. **Allgemeine Rechtmäßigkeitsanforderungen**
   a) Bestimmtheit
   b) Möglichkeit
   c) Verhältnismäßigkeit
5. **Rechtsfolge:** Ermessen

I. Ermächtigungsgrundlage

Da es sich beim Erlass einer GefahrenabwehrVO um **Verwaltungstätigkeit** handelt, gilt der Grundsatz vom Vorbehalt des Gesetzes (Art. 20 Abs. 3 GG), d.h. die VO bedarf als untergesetzliche Norm einer **wirksamen gesetzlichen Ermächtigungsgrundlage** (Art. 80 Abs. 1 GG und entspr. LVerf).

Ermächtigungsgrundlage nach Grundsatz vom Vorbehalt des Gesetzes

Die Ermächtigung kann sich ergeben aus

- einer **Spezialnorm** (z.B. § 18 GaststG) oder
- einer **Generalklausel** für den VO-Erlass (s.o. S. 93).

Bayern verfügt anstelle einer Generalklausel mit Art. 16 ff. BayLStVG über eine Vielzahl spezieller VO-Ermächtigungen. Die Art. 42 ff. BayLStVG regeln die formellen Anforderungen.

Falls Bedenken gegen die **Wirksamkeit der gesetzlichen Ermächtigungsgrundlage** bestehen, sind sie an dieser Stelle zu prüfen. Das ermächtigende Gesetz muss seinerseits **formell und materiell verfassungsgemäß** sein. Hierbei ist insbesondere zu beachten, dass **Inhalt, Zweck und Ausmaß** der Ermächtigung im Gesetz bestimmt werden müssen (sog. Bestimmtheitstrias, Art. 80 Abs. 1 S. 2 GG bzw. entspr. LVerf).

Wirksamkeit der gesetzlichen Ermächtigungsgrundlage (= formelle und materielle Verfassungsmäßigkeit)

Das **Bestimmtheitsgebot** steht der Verwendung von Generalklauseln nicht entgegen. Die Rechtsbegriffe (Gefahr, öffentliche Sicherheit und Ordnung) sind durch die Rspr. nach Inhalt, Zweck und Ausmaß hinreichend präzisiert und in ihrer Bedeutung geklärt. Die Generalermächtigungen in den Gefahrenabwehrgesetzen sind daher verfassungsgemäß (s.o. S. 21).

Auch im Übrigen darf das ermächtigende Gesetz nicht gegen **höherrangiges Recht** (insbes. Art. 20 GG und Grundrechte) verstoßen.

Zweifelhaft kann z.B. sein, ob für den Erlass der RechtsVO die Generalermächtigung ausreicht oder ob eine spezielle Ermächtigungsgrundlage erforderlich ist. Denn die in Art. 20 Abs. 3 GG verortete **Wesentlichkeitstheorie** liefert nicht nur die Kriterien dafür, ob der Gesetzgeber überhaupt tätig werden muss, sondern auch, in welchem Umfang er eine Materie durch formelles Gesetz regeln muss (sog. **Parlamentsvorbehalt**). Bei schwerwiegenden Grundrechtseingriffen kann deshalb – wie bei Polizeiverfügungen – für den VO-Erlass eine spezielle Ermächtigungsgrundlage erforderlich sein (s.o. S. 21).

Aufbauhinweis: *In der Klausur ist die Rechtmäßigkeit der GefahrenabwehrVO häufig inzident im Rahmen der Rechtmäßigkeit einer **Polizei-/Ordnungsverfügung** zu prüfen.*

!

Beispiel: Nach einer GefahrenabwehrVO der Stadt S ist die Fütterung von Tauben auf öffentlichen Straßen und Plätzen verboten. Da sich die Tierliebhaberin T nicht an das Verbot hält, untersagt ihr die Stadt S als Ordnungsbehörde unter Androhung eines Zwangsgeldes die weitere Fütterung von Tauben im Stadtpark.

Inzidentprüfung in der Klausur

Ermächtigungsgrundlage für die Ordnungsverfügung ist nicht unmittelbar die Verordnung. Die VO enthält lediglich Ge- und Verbotstatbestände. Sie begründet jedoch keine Handlungsbefugnis für den Fall eines Verstoßes. Mangels spezialgesetzlicher Regelung kommt deshalb als Ermächtigungsgrundlage für die Untersagungsverfügung nur die ordnungsrechtliche Generalklausel in Betracht (sog. unselbstständige Verfügung, s.o. S. 17).

Dreistufiger Aufbau

Ist Grundlage für die Verfügung eine **Rechtsverordnung**, so muss diese ihrerseits rechtmäßig sein. Bei der Prüfung der **Rechtmäßigkeit der Verordnung** ist wiederum die **Verfassungsmäßigkeit der gesetzlichen Ermächtigungsgrundlage** für den Erlass der RechtsVO zu überprüfen (sog. Dreistufiger Aufbau):

- Im obigen Beispiel (TaubenfütterungsVO) ist die **Verfügung** nur rechtmäßig, wenn eine Gefahr für die öffentliche Sicherheit besteht.
- Eine Gefahr für die öffentliche Sicherheit wegen Verstoßes gegen geschriebenes Recht liegt nur vor, wenn das Verbot in der **RechtsVO** wirksam, d.h. formell und materiell rechtmäßig ist.
- Das Verbot in der RechtsVO ist nur wirksam, wenn das zum Erlass der RechtsVO ermächtigende **Gesetz** wirksam, d.h. formell und materiell verfassungsgemäß ist.

II. Formelle Rechtmäßigkeit der VO

1. Zuständigkeit

- **Verbandskompetenz:** i.d.R. Gemeinde
- **Organkompetenz:** Gemeinderat bzw. Bürgermeister (nach Landesrecht)

Die sachliche Zuständigkeit für den Erlass einer GefahrenabwehrVO liegt grds. bei den **allgemeinen Ordnungsbehörden**. Instanziell zuständig sind i.d.R. die **örtlichen Ordnungsbehörden** (Gemeinde), es sei denn es besteht ein Bedürfnis für eine überörtliche Regelung durch den Kreis oder die Bezirksregierung oder ausnahmsweise durch das Ministerium (wenn eine einheitliche Regelung für das ganze Land geboten ist). Die **Organkompetenz** zum Erlass der VO der Gemeinde liegt zumeist beim Gemeinderat (der Gemeindevertretung), in einigen Ländern beim Bürgermeister.

Beispiel: Bei Gefahrenabwehrverordnungen liegt die Zuständigkeit i.d.R. beim Gemeinderat (vgl. z.B. Art. 42 Abs. 1 BayLStVG, § 26 Abs. 3 BbgOBG, § 74 S. 2 HSOG, § 27 Abs. 4 S. 1 OBG NRW; anders z.B. § 13 S. 2 PolG BW, § 17 Abs. 3 SOG M-V: Bürgermeister). Ordnungsverfügungen der Gemeinde werden dagegen generell von der Gemeindeverwaltung (Bürgermeister) erlassen. Der Gemeinderat ist dort allenfalls für die interne Willensbildung zuständig.

2. Verfahren

Besondere Verfahrenserfordernisse

Je nach Landesrecht bestehen für den Erlass von Gefahrenabwehrverordnungen **besondere Verfahrenserfordernisse** (z.B. Vorlage oder Genehmigung der Aufsichtsbehörde). Zumeist richtet sich der Erlass der Verordnung nach den für Satzungen geltenden Vorschriften (vgl. z.B. § 55 Abs. 2 S. 1 NdsSOG, § 94 Abs. 2 SOG LSA).

3. Formvorschriften

Formvorschriften, insbes. Zitiergebot

In der GefahrenabwehrVO muss die Rechtsgrundlage der Verordnung angegeben werden (**Zitiergebot**, vgl. die dem Art. 80 Abs. 1 S. 3 GG entsprechenden Vorschriften der LVerf). Außerdem bestehen landesrechtlich eine Reihe **weiterer Formvorschriften**.

Vgl. z.B. § 12 PolG BW, § 78 HSOG, § 30 OBG NRW, § 62 Abs. 1 SPolG, § 97 SOG LSA, § 32 ThürOBG: z.B. Bezeichnung als RechtsVO, Angabe des Erlasszeitpunkts, des räumlichen Geltungsbereichs und der Geltungsdauer.

4. Ordnungsgemäße Verkündung

Wirksamkeit setzt bei Rechtsnormen Verkündung voraus.

Rechtsverordnungen müssen darüber hinaus ordnungsgemäß **bekanntgemacht** werden, um Wirksamkeit zu erlangen (z.B. durch Verkündung im Amtsblatt oder im Gesetz- und Verordnungsblatt).

Vgl. z.B. Art. 51, 52 BayLStVG, § 32 BbgOBG, § 23 SOG M-V, § 60 NdsSOG, § 33 OBG NRW, § 65 SPolG, § 99 SOG LSA, § 35 ThürOBG.

Durch die Verkündung soll sichergestellt werden, dass die VO der Öffentlichkeit in einer Weise zugänglich gemacht wird, dass die Betroffenen sich **verlässlich Kenntnis** von ihrem Inhalt verschaffen können. Fehlt es an einer ordnungsgemäßen Verkündung, ist die GefahrenabwehrVO **unwirksam**

III. Materielle Rechtmäßigkeit der VO

Materielle Rechtmäßigkeit einer VO:

- **Voraussetzungen** der Ermächtigungsgrundlage
- kein Verstoß gegen **höherrangiges Recht**
- **allgemeine** Rechtmäßigkeitsvoraussetzungen

Damit eine GefahrenabwehrVO materiell rechtmäßig ist,

- müssen die **Voraussetzungen der gesetzlichen Ermächtigungsgrundlage** vorliegen,
- darf die VO **nicht gegen höherrangiges Recht verstoßen** und
- müssen die **allgemeinen Rechtmäßigkeitsvoraussetzungen** eingehalten sein.

1. Voraussetzungen der Ermächtigungsgrundlage

Voraussetzung für den Erlass einer GefahrenabwehrVO ist das Vorliegen einer (abstrakten) **Gefahr für die öffentliche Sicherheit oder Ordnung** (in Brem und SH nur öffentliche Sicherheit).

–	1, 10 PolG	–	55 ASOG	26 I OBG	48 PolG	1 I SOG	71 SOG	17 I SOG	55 I SOG

27 I OBG	43 I POG	59 I PolG	9 I PolG	94 I SOG	175 LVwG	27 I OBG

a) Schutzgüter

Schutzgüter bei GefahrenabwehrVO wie bei Polizei-/Ordnungsverfügung

Schutzgüter der verordnungsrechtlichen **Generalklausel** sind dieselben wie in der Generalklausel zum Erlass einer Polizei-/Ordnungsverfügung (s.o. S. 32). Geschützt werden daher insbesondere

- die **objektive Rechtsordnung**
- die **Individualrechtsgüter** des Einzelnen
- sowie der **Bestand des Staates** und seiner **Einrichtungen**.

b) Abstrakte Gefahr

Abstrakte Gefahr ≠ konkrete Gefahr

Der Gefahrbegriff bei einer GefahrenabwehrVO weicht notwendigerweise von dem der Polizei-/Ordnungsverfügung ab. Denn hier geht es nicht um die Abwehr einer konkreten Gefahr im Einzelfall, sondern um eine abstrakt-generelle Regelung. Erforderlich, aber auch ausreichend ist daher eine **abstrakte Gefahr**. Eine abstrakte Gefahr liegt vor, wenn nach allgemeiner Lebenserfahrung oder aufgrund von Erkenntnissen fachkundiger Stellen **mit hinreichender Wahrscheinlichkeit** mit einem Schaden für die öffentliche Sicherheit (oder Ordnung) gerechnet werden muss.

Vgl. ausdrücklich § 2 Nr. 2 NdsSOG, § 3 Nr. 3 f SOG LSA, § 54 Nr. 3 e ThürOBG.

Maßstab für die Gefahrenprognose identisch

- Der **Maßstab** für die Gefahrenprognose (hinreichende Wahrscheinlichkeit eines Schadenseintritts in absehbarer Zeit) ist bei der GefahrenabwehrVO derselbe wie bei einer Polizei-/Ordnungsverfügung, sodass **qualitativ** zwischen konkreter und abstrakter Gefahr **kein Unterschied** besteht. Auch die Feststellung einer abstrakten Gefahr verlangt eine in tatsächlicher Hinsicht hinreichend abgesicherte Prognose, dass (bei abstrakt-genereller) Betrachtung hinreichende Anhaltspunkte vorhanden sind, die den Schluss auf den drohenden Eintritt von Schäden rechtfertigen.

  Vorsorgemaßnahmen zur Bekämpfung einer nur **möglichen Gefahr** können daher grds. weder durch Polizei-/Ordnungsverfügung noch durch GefahrenabwehrVO getroffen werden. Hierfür bedarf es spezieller Rechtsgrundlagen (z.B. § 11 Abs. 3 BayPAG und oben S. 36).

  Der Grad der Wahrscheinlichkeit ist auch hier **relativ**: Je bedeutsamer das betroffene Schutzgut ist, desto geringere Anforderungen bestehen an die Schadenswahrscheinlichkeit. Je bedeutsamer die Rechte sind, in die eingegriffen wird, desto höhere Anforderungen bestehen (s.o. S. 34).

Bezugspunkt der Gefahrenprognose unterschiedlich

- Unterschiedlich ist lediglich der **Bezugspunkt der Gefahrenprognose**. Bei der konkreten Gefahr ist dies der konkrete Einzelfall, bei der abstrakten Gefahr eine gedachte generelle Sachlage, die typischerweise zu einem Schaden führt.

Beispiel: Ziel eines Taubenfütterungsverbotes ist die Verringerung des Bestandes von Stadttauben und damit die Eindämmung der Verschmutzung insbesondere durch Taubenkot, wodurch Schäden an Gebäuden und Fahrzeugen, ggf. auch Gesundheitsschäden verursacht werden. Diese Gefahrensituation besteht nicht nur im konkreten Fall, sondern gilt abstrakt, da das Füttern von Tauben typischerweise zu einer Vergrößerung, zumindest aber zu einer Erhaltung der Taubenpopulation führt. Daher kann die Fütterung von Tauben durch eine GefahrenabwehrVO untersagt werden (BayVGH RÜ 2014, 810, 813).

Gegenbeispiel: Alkoholkonsum allein rechtfertigt nicht die generelle Annahme einer abstrakten Gefahr von Gewalttätigkeiten (VGH BW RÜ 2009, 732); vgl. aber die Spezialregelungen für örtliche Alkoholverbote in § 10a BWPolG, Art. 30 BayLStVG, § 9a SächsPolG, § 27a ThürOBG.

2. Kein Verstoß gegen höherrangiges Recht

Kein Verstoß gegen höherrangiges Recht (GG, LVerf, formelle (Bundes- und Landes-)Gesetze

Als untergesetzliche Rechtsnorm darf die GefahrenabwehrVO **nicht gegen höherrangiges Recht** (Grundgesetz, LVerf, formelle Gesetze) verstoßen. Obwohl nach der allgemeinen Normenhierarchie innerhalb der Rechtsverordnungen keine Rangabstufung besteht, ist im Landesrecht zumeist der Vorrang der VO einer höheren Behörde ausdrücklich angeordnet.

Vgl. z.B. § 11 PolG BW, Art. 45 Abs. 1 BayLStVG, § 75 Abs. 1 HSOG, § 28 Abs. 1 OBG NRW, § 43 Abs. 4 POG RP, § 10 SächsPolG, § 30 Abs. 1 ThürOBG.

3. Richtiger Adressat

Adressat = der für die abstrakte Gefahr Verantwortliche

Im allgemeinen Polizei- und Ordnungsrecht ist zwar nicht ausdrücklich geregelt, **gegen wen** sich die GefahrenabwehrVO richtet. Die Begrenzung des Personenkreises folgt jedoch aus der Aufgabe der Gefahrenabwehr. Richtiger Adressat kann daher nur der für die Gefahr **Verantwortliche** sein. Da bei der VO aber eine abstrakte Gefahr ausreicht, ist auch derjenige verantwortlich, der durch sein Verhalten **(Verhaltensstörer)** oder dessen Sache **(Zustandsstörer)** zwar keine konkrete, sondern nur eine abstrakte Gefahrenlage verursacht. Denkbar ist auch ein **abstrakter Notstand**, bei dem in der VO Pflichten für den **Nichtstörer** begründet werden (z.B. in Katastrophenfällen).

4. Allgemeine Rechtmäßigkeitsvoraussetzungen

a) Bestimmtheit

Die GefahrenabwehrVO muss ihrem Inhalt nach bestimmt sein. Als Konkretisierung des allgemeinen rechtsstaatlichen Bestimmtheitsgebotes (Art. 20 Abs. 3 GG) gilt dies auch dort, wo es nicht ausdrücklich normiert ist.

Vgl. z.B. ausdrücklich § 28 Abs. 1 S. 1 BbgOBG, § 56 Abs. 2 S. 1 ASOG Bln, § 76 Abs. 1 S. 1 HSOG, § 18 Abs. 1 SOG M-V, § 57 Abs. 1 NdsSOG, § 29 Abs. 1 S. 1 OBG NRW, § 45 Abs. 2 POG RP, § 61 Abs. 1 SPolG, § 31 Abs. 1 S. 1 ThürOBG.

b) Möglichkeit

Auch Gefahrenabwehrverordnungen dürfen nichts tatsächlich oder rechtlich Unmögliches verlangen.

Beispiel: Zulässig ist in einer GefahrenabwehrVO zwar ein Taubenfütterungsverbot, aber nicht das Gebot zur Tötung von Tauben unter Verstoß gegen das TierSchG.

c) Verhältnismäßigkeit

Als Verfassungsprinzip unterliegen auch Gefahrenabwehrverordnungen dem **Grundsatz der Verhältnismäßigkeit**, d.h. sie müssen zur Verfolgung eines legitimen Zwecks geeignet, erforderlich und angemessen sein.

Vgl. z.B. ausdrücklich § 56 Abs. 1 S. 2 u. S. 3 ASOG Bln.

Legitimer Zweck

aa) Als **legitimer Zweck** einer GefahrenabwehrVO kommt grds. nur die Abwehr von Gefahren für die öffentliche Sicherheit (oder Ordnung) in Betracht (s.o. S. 51). Eine Einschränkung erfolgt dahin, dass Gefahrenabwehrverordnungen nicht lediglich dem Zweck dienen dürfen, den zuständigen Behörden die ihnen obliegende Aufsicht zu erleichtern.

Vgl. z.B. § 56 Abs. 1 S. 1 ASOG Bln, § 28 Abs. 1 S. 2 BbgOBG, § 52 Abs. 1 BremPolG, § 29 Abs. 1 S. 2 OBG NRW, § 45 Abs. 1 POG RP.

Geeignetheit

bb) Geeignet sind Verbote oder Gebote in einer Gefahrenabwehr VO bereits dann, wenn sie den verfolgten Zweck zumindest **fördern**. Der Zweck muss daher nicht unbedingt erreicht werden.

Beispiel: Ein Taubenfütterungsverbot ist auch dann geeignet, wenn es andere Futterbeschaffungsmöglichkeiten gibt, da die Verringerung des Nahrungsangebots zumindest Einfluss auf den Taubenbestand haben kann.

Erforderlichkeit

cc) Erforderlich ist die Regelung nur, wenn es kein milderes, aber gleich wirksames Mittel zur Verfolgung des Zwecks gibt.

Beispiel: Ein in einer GefahrenabwehrVO geregeltes Taubenfütterungsverbot ist erforderlich, da andere Konzepte, die die Tauben weniger beeinträchtigen und die angestrebte Bestandsreduzierung gleich wirksam erreichen, nicht ersichtlich sind.

Angemessenheit

dd) Angemessen ist die Regelung in der VO nur, wenn sie nicht zu Nachteilen führt, die erkennbar außer Verhältnis zum angestrebten Erfolg stehen. Insoweit muss eine **umfassende Güter- und Interessenabwägung** zwischen der Schwere des drohenden Schadens einerseits und des Eingriffs in Rechte des Bürgers andererseits vorgenommen werden. Dabei hat ein schonender Ausgleich der widerstreitenden Rechtsgüter zu erfolgen (sog. **praktische Konkordanz**).

Beispiel: Ein Taubenfütterungsverbot greift zwar in das Grundrecht der allgemeinen Handlungsfreiheit aus Art. 2 Abs. 1 GG ein. Angesichts der Bedrohung hochrangiger Rechtsgüter durch die Verschmutzungen (Eigentum, Gesundheit) ist der vergleichsweise geringfügige Eingriff in die grundrechtlich geschützte Freiheitssphäre angemessen (BayVGH RÜ 2014, 810, 814).

5. Rechtsfolge

Normatives Ermessen

Der Erlass einer GefahrenabwehrVO steht ebenso wie der Erlass einer Ordnungsverfügung im **Ermessen** der Behörde. Die Behörde muss sich insbesondere von sachgemäßen Erwägungen leiten lassen, wenn sie eine VO erlässt.

Bei hoher Gefahrenintensität kann das Ermessen jedoch auf Null reduziert sein und eine Pflicht zum Erlass der Verordnung bestehen (vgl. z.B. Art. 46 BayLStVG, § 29 ThürOBG).

Das (normative) Ermessen bei Erlass einer Verordnung geht **weiter** als das (behördliche) Ermessen beim Erlass eines Verwaltungsaktes. § 40 VwVfG, § 114 VwGO gelten für die GefahrenabwehrVO **nicht**. Dem Verordnungsgeber steht eine gerichtlich nur sehr eingeschränkt überprüfbare **Einschätzungsprärogative** zu.

Das normative Ermessen wird erst dann rechtswidrig ausgeübt, wenn die getroffene Entscheidung in Anbetracht des Zwecks der Ermächtigung schlechterdings unvertretbar ist. Demgemäß beschränkt sich die verwaltungsgerichtliche Kontrolle darauf, ob diese äußersten rechtlichen Grenzen der Rechtsetzungsbefugnis überschritten sind.

Entscheidend ist die Norm, nicht die Beweggründe

Im Übrigen kommt es hierbei grundsätzlich nur auf das **Ergebnis** des Rechtsetzungsaktes als solchen an (die **Norm**). Vorgeschaltete Beweggründe und Erwägungen des VOgebers sind für die Beurteilung der Rechtmäßigkeit der VO grds. irrelevant.

C. Durchsetzung der GefahrenabwehrVO

I. Erlass einer Polizei-/Ordnungsverfügung

Wird gegen ein Gebot oder ein Verbot in einer GefahrenabwehrVO verstoßen, kann die Behörde eine (unselbstständige) **Polizei- oder Ordnungsverfügung** erlassen. Diese ist nur rechtmäßig, wenn die VO und das zum Erlass der VO ermächtigende Gesetz rechtmäßig, d.h. wirksam sind (s.o. S. 94).

II. Bußgeld

Die meisten **Spezialgesetze** ermächtigen die Verwaltung, die Zuwiderhandlung gegen Gebote und Verbote in der Rechtsverordnung als Ordnungswidrigkeit zu ahnden (vgl. z.B. § 24 StVG i.V.m. § 49 StVO). Dasselbe gilt für allgemeine Gefahrenabwehrverordnungen.

Vgl. z.B. § 18 PolG BW, Art. 4 Abs. 1 BayLStVG, § 57 ASOG Bln, § 1 Abs. 2 HmbSOG, § 77 HSOG, § 59 NdsSOG, § 31 OBG NRW, § 48 POG RP, § 63 SPolG, § 17 SächsPolG, § 50 ThürOBG.

D. Rechtsschutz gegen eine GefahrenabwehrVO

I. Inzidentkontrolle

Inzidentkontrolle bei Polizei-/Ordnungsverfügungen und Bußgeldbescheiden

Der Betroffene kann die aufgrund der GefahrenabwehrVO erlassenen Polizei-/Ordnungsverfügungen mit **Widerspruch** (vorbehaltlich landesgesetzlicher Ausnahmen, § 68 Abs. 1 S. 2 VwGO) und **Anfechtungsklage** (§ 42 Abs. 1 Fall 1 VwGO) anfechten. Die Einzelmaßnahme ist nur rechtmäßig, wenn die Regelung in der VO rechtmäßig ist. Dasselbe gilt beim **Einspruch** gegen einen Bußgeldbescheid (§§ 67, 68 OWiG), der eine Zuwiderhandlung gegen die VO ahndet.

Beispiel: Eine Untersagungsverfügung oder ein Bußgeldbescheid ist rechtswidrig und aufzuheben, wenn die VO rechtswidrig und damit unwirksam ist.

II. Normenkontrolle

Abstrakte Normenkontrolle mit Allgemeinverbindlichkeit

In den meisten Ländern (mit Ausnahme von Berlin, Hamburg und NRW) besteht die Möglichkeit der **abstrakten Normenkontrolle** unmittelbar gegen die Verordnung (§ 47 Abs. 1 Nr. 2 VwGO). In diesem Verfahren wird die GefahrenabwehrVO abstrakt (also ohne Bezug auf einen konkreten Einzelfall) überprüft. Kommt das OVG/der VGH zu der Überzeugung, dass die VO ungültig ist, wird die Norm für **unwirksam** erklärt (§ 47 Abs. 5 S. 2 VwGO). In diesem Fall ist die Entscheidung **allgemein verbindlich** (inter omnes).

III. Allgemeine Feststellungsklage

Allgemeine Feststellungsklage zur Anwendung der Norm im Einzelfall

Im Übrigen kann der Streit, ob die GefahrenabwehrVO im Einzelfall konkrete Pflichten begründet, zum Gegenstand einer **allgemeinen Feststellungsklage** (§ 43 Abs. 1 Fall 1 VwGO) gemacht werden. Gegenstand dieses Verfahrens ist dann aber nicht die VO als solche, sondern die Frage, ob sich aus der **Anwendung der Norm** auf einen bestimmten Sachverhalt konkrete Rechte und Pflichten ergeben (z.B. BVerwG RÜ 2018, 119, 120). Die gerichtliche Entscheidung wirkt nur zwischen den Beteiligten (inter partes).

1. Was regeln Gefahrenabwehrverordnungen?	**1.** Gefahrenabwehrverordnungen enthalten Gebote und Verbote, die für eine unbestimmte Anzahl von Fällen an eine unbestimmte Anzahl von Personen zur Abwehr einer (abstrakten) Gefahr gerichtet sind.
2. Wodurch unterscheidet sich die GefahrenabwehrVO von einer personenbezogenen Allgemeinverfügung?	**2.** Eine Allgemeinverfügung (§ 35 S. 2 Fall 1 VwVfG) setzt voraus, dass der Personenkreis im Wesentlichen bestimmt oder bestimmbar ist. Kann von der Regelung dagegen theoretisch wie praktisch jedermann erfasst werden, kann dies nur durch Rechtsverordnung erfolgen.
3. Welche formellen Voraussetzungen bestehen bei GefahrenabwehrVOen?	**3.** Formell rechtmäßig ist eine Gefahrenabwehrverordnung nur, wenn sie von der zuständigen Behörde, in einem ordnungsgemäßen Verfahren formgerecht erlassen wurde. Als Rechtsnorm muss sie zudem ordnungsgemäß bekannt gemacht werden, um Wirksamkeit zu erlangen.
4. Wann ist eine GefahrenabwehrVO materiell rechtmäßig?	**4.** Damit eine GefahrenabwehrVO materiell rechtmäßig ist, ■ müssen die Voraussetzungen ihrer gesetzlichen Ermächtigungsgrundlage vorliegen, ■ darf die VO nicht gegen höherrangiges Recht verstoßen und ■ müssen die allgemeinen Rechtmäßigkeitsvoraussetzungen eingehalten sein (insbes. Bestimmtheit und Verhältnismäßigkeit).
5. Wann liegt eine abstrakte Gefahr i.S.d. Generalklausel zum Erlass einer GefahrenabwehrVO vor?	**5.** Eine abstrakte Gefahr liegt vor, wenn in einer gedachten Situation nach allgemeiner Lebenserfahrung oder aufgrund von Erkenntnissen fachkundiger Stellen mit hinreichender Wahrscheinlichkeit mit einem Schaden für die öffentliche Sicherheit (oder Ordnung) zu rechnen ist.
6. Welche Rechtsschutzmöglichkeiten bestehen bei einer GefahrenabwehrVO?	**6.** In den meisten Ländern besteht die Möglichkeit der abstrakten Normenkontrolle (§ 47 Abs. 1 Nr. 2 VwGO). Im Übrigen kommen insbes. eine Inzidentkontrolle im Rahmen einer Anfechtungsklage (§ 42 Abs. 1 Fall 1 VwGO) oder einer allgemeinen Feststellungsklage (§ 43 Abs. 1 VwGO) in Betracht.

6. Abschnitt: Vollstreckung

A. Rechtsgrundlagen

Polizei-/Verwaltungsvollstreckung zur Durchsetzung einer Polizei-/Ordnungsverfügung

Kommt der Adressat der Polizei-/Ordnungsverfügung nicht nach, muss diese **zwangsweise** durchgesetzt werden. Dies geschieht im Wege der **Polizei-/Verwaltungsvollstreckung**. Die Vollstreckung richtet sich bei Bundespolizeibehörden nach dem Verwaltungsvollstreckungsgesetz (VwVG), ergänzt durch das Gesetz über den unmittelbaren Zwang (UZwG). Bei der Vollstreckung durch Landesbehörden gelten das jeweilige LVwVG bzw. die allgemeinen Polizeigesetze, die in ihrem Anwendungsbereich dem LVwVG vorgehen.

VwVG UZwG	49 ff. PolG	53 ff. PAG	VwVG UZwG	53 ff. PolG	40 ff. PolG	17 ff. SOG	47 ff. SOG	79 ff. SOG	64 ff. SOG

50 ff. PolG	57 ff. POG	44 ff. PolG	30 ff. PolG	53 ff. SOG	228 ff. LVwG	51 ff. PAG

Beispiele: In Berlin gilt gemäß § 8 Abs. 1 VwVfG Bln das VwVG des Bundes und das UZwG Bln, in Brandenburg und NRW für die Vollstreckung durch die Polizei das jeweilige PolG, für die Vollstreckung durch Ordnungsbehörden das jeweilige LVwVG (in Bayern und Thüringen entsprechend für das Verhältnis PAG – VwZVG). In den übrigen Ländern gilt für die Vollstreckung zur Gefahrenabwehr das PolG, SOG etc., das allerdings teilweise nur den unmittelbaren Zwang besonders regelt und im Übrigen auf das jeweilige LVwVG verweist (z.B. § 49 Abs. 1 PolG BW, § 40 Abs. 1 BremPolG, § 57 Abs. 1 POG RP, § 30 Abs. 1 SächsPolG), s.u. S. 108.

Da die Regelungen in Bund und Ländern in den Grundzügen sowie in vielen Einzelfragen übereinstimmen, werden im Folgenden beispielhaft die Vorschriften des Bundesrechts zitiert. Soweit erforderlich, wird auf Abweichungen in den Ländern hingewiesen.

B. Polizei-/Verwaltungszwang

Polizei-/Verwaltungszwang zur Durchsetzung einer HDU-Verfügung

In der Klausur geht es i.d.R. um die **Rechtmäßigkeit einer Vollstreckungsmaßnahme**. Darunter versteht man die zwangsweise Durchsetzung eines Verwaltungsakts, der auf die Vornahme einer Handlung, auf Duldung oder Unterlassung gerichtet ist (vgl. § 6 Abs. 1 VwVG), sog. HDU-Verfügung.

Vollstreckungsmaßnahmen sind vor allem

- die **Androhung** (§ 13 VwVG),
- die **Festsetzung** (§ 14 VwVG) und
- die **Anwendung** (§ 15 VwVG).

I. Rechtmäßigkeit einer Vollstreckungsmaßnahme

Eine Vollstreckungsmaßnahme ist rechtmäßig, wenn

- die Maßnahme auf einer wirksamen **Ermächtigungsgrundlage** beruht,
- die Zuständigkeit-, Verfahrens- und Formvorschriften eingehalten sind **(formelle Rechtmäßigkeit)** und
- die Maßnahme sachlich mit dem geltenden Recht in Einklang steht **(materielle Rechtmäßigkeit)**.

Rechtmäßigkeit einer Vollstreckungsmaßnahme
■ **Ermächtigungsgrundlage** – spezielles Bundesrecht (z.B. §§ 58 ff. AufenthG) – allgemeines Bundesrecht (VwVG, UZwG) – spezielles Landesrecht (PolG, SOG etc.) – allgemeines Landesrecht (LVwVG, VwZVG u.a.)
■ **Formelle Rechtmäßigkeit** – Zuständigkeit – Verfahren – Form
■ **Materielle Rechtmäßigkeit** – Vollstreckungsvoraussetzungen – ordnungsgemäßes Vollstreckungsverfahren – keine Vollstreckungshindernisse – Rechtsfolge: i.d.R. Ermessen

1. Ermächtigungsgrundlage

Die Ermächtigungsgrundlage für Maßnahmen des **Verwaltungszwangs** (Durchsetzung einer Verfügung auf Handlung, Duldung oder Unterlassung) findet sich in Spezialgesetzen und in den §§ 6 ff. VwVG bzw. den landesrechtlichen Vorschriften (s.u. S. 107 u. S. 112).

Ermächtigungsgrundlage für die Androhung einer Ersatzvornahme sind z.B. die §§ 10, 13 VwVG, für die Festsetzung eines Zwangsgeldes §§ 11, 14 VwVG.

2. Formelle Rechtmäßigkeit

a) Zuständigkeit

Zuständig für Maßnahmen des Verwaltungszwangs ist i.d.R. die Behörde, die den zu vollstreckenden Verwaltungsakt erlassen hat (z.B. § 7 Abs. 1 VwVG).

Landesrechtlich ergibt sich die Zuständigkeit entweder aus Spezialvorschriften oder aus allgemeinen Zuständigkeitsvorschriften. Die Anwendung unmittelbaren Zwangs ist teilweise bestimmten Vollzugsbeamten vorbehalten (vgl. z.B. § 6 Nr. 1 UZwG i.V.m. § 1 BPolG).

b) Verfahren

Handelt es sich bei der Vollstreckungsmaßnahme um einen **Verwaltungsakt** (also insb. bei der Androhung und der Festsetzung), sind die Verfahrensvorschriften des VwVfG zu beachten. Von der nach § 28 Abs. 1 VwVfG erforderlichen **Anhörung** kann bei Vollstreckungsmaßnahmen nach § 28 Abs. 2 Nr. 5 VwVfG abgesehen werden.

c) Form

Formvorschriften bestehen insbes. bei der Androhung, die grds. schriftlich zu erfolgen hat (z.B. § 13 Abs. 1 VwVG).

3. Materielle Rechtmäßigkeit

Damit eine Vollstreckungsmaßnahme materiell rechtmäßig ist,

- müssen die **Vollstreckungsvoraussetzungen** vorliegen,
- das **Vollstreckungsverfahren ordnungsgemäß** durchgeführt werden und
- es dürfen **keine Vollstreckungshindernisse** bestehen.

Materielle Rechtmäßigkeit einer Vollstreckungsmaßnahme

- **Vollstreckungsvoraussetzungen**
  - gestrecktes Verfahren (§ 6 Abs. 1 VwVG)
  - Sofortvollzug (§ 6 Abs. 2 VwVG)
- **Ordnungsgemäßes Vollstreckungsverfahren**
  - richtiges Zwangsmittel (§§ 9–12 VwVG)
  - Androhung (§ 13 VwVG)
  - ggf. Festsetzung (§ 14 VwVG)
  - ordnungsgemäße Anwendung (§ 15 VwVG), insbes. Verhältnismäßigkeit
- **Keine Vollstreckungshindernisse**
  - rechtliche Unmöglichkeit (z.B. Rechte Dritter)
  - nachträglich materielle Einwendungen

Bei der Vollstreckung ist zwischen dem **gestreckten Verfahren** und dem **Sofortvollzug** zu unterscheiden:

a) Gestrecktes Verfahren

Polizei-/Ordnungsverfügungen werden grds. im sog. gestreckten Verfahren vollstreckt.

6 I VwVG	2 LVwVG	53 I PAG	6 I VwVG	53 I PolG	11 I LVwVG	3 III LVwVG	47 I SOG	80 I SOG	64 I SOG

50 I PolG	2, 61 I LVwVG	44 I PolG	2 LVwVG	53 I SOG	229 I LVwG	51 I PAG

Für Ordnungsbehörden gelten in Bbg, NRW und Thür die entsprechenden Regelungen in §§ 3, 27 Abs. 1 S. 1 BbgVwVG, § 55 Abs. 1 VwVG NRW, §§ 19, 44 Abs. 1 ThürVwZVG.

aa) Vollstreckungsvoraussetzungen

Wirksamer vollstreckbarer GrundVA

Grundlage des gestreckten Verfahrens ist ein **wirksamer vollstreckbarer GrundVA** (Vollstreckungstitel).

- Der GrundVA muss **wirksam** sein und einen vollstreckungsfähigen Inhalt haben, d.h. auf Handlung, Duldung oder Unterlassung gerichtet sein (§ 6 Abs. 1 VwVG).
- Ob der GrundVA rechtmäßig oder rechtswidrig ist, ist für die Vollstreckung **irrelevant**. Auch der rechtswidrige VA kann, solange er wirksam, also nicht nichtig ist (§§ 43, 44 VwVfG), zwangsweise durchgesetzt werden.

  Nach der Gegenansicht ist die Vollstreckung rechtswidrig, wenn der rechtswidrige GrundVA im Zeitpunkt der Vollstreckung noch nicht unanfechtbar war. Dagegen spricht jedoch, dass Grundlage einer rechtmäßigen Vollstreckung nur die Wirksamkeit, nicht die Rechtmäßigkeit des GrundVA ist.
- **Vollstreckbar** ist der GrundVA, wenn er unanfechtbar ist oder Rechtsbehelfe keine aufschiebende Wirkung haben, also in den Fällen des § 80 Abs. 2 VwGO.

In den meisten Ländern bestehen vergleichbare Regelungen (s.o.), teilweise unmittelbar im PolG (z.B. Bay, Bbg, Hess, M-V, Nds, NRW, Saar), teilweise wird im PolG auf das allgemeine LVwVG verwiesen (z.B. BW, Brem, RP, Sachs).

bb) Richtiges Zwangsmittel

Zwangsmittel:
- Ersatzvornahme
- Zwangsgeld
- unmittelbarer Zwang

Grundlegende materielle Voraussetzung der Vollstreckung ist, dass die Behörde das richtige Zwangsmittel gewählt hat. Als **Zwangsmittel** kommen vor allem in Betracht:

- die **Ersatzvornahme** (§ 10 VwVG)
- das **Zwangsgeld** (§ 11 VwVG) und
- der **unmittelbare Zwang** (§ 12 VwVG).

Die landesrechtlichen Regelungen sind weitgehend identisch. Teilweise sind alle Zwangsmittel im PolG geregelt (z.B. Bay, Bbg, Hess, M-V, Nds, NRW, Saar LSA, Thür), teilweise nur der unmittelbare Zwang (z.B. BW, Brem, Hbg, RP, Sachs), für die übrigen Zwangsmittel muss dann auf das LVwVG zurückgegriffen werden.

Teilweise bestehen besondere Regelungen für die Verpflichtung zur Abgabe einer Erklärung. Einige Länder haben hier eine dem § 894 ZPO vergleichbare Regelung getroffen, wonach eine vom Pflichtigen abzugebende Erklärung mit Unanfechtbarkeit der Grundverfügung als abgegeben gilt (z.B. § 20 Hbg VwVG, § 93 SOG M-V, § 61a VwVG NRW, § 24a SächsVwVG).

(1) Ersatzvornahme

Ersatzvornahme bei vertretbaren Handlungen

Die Ersatzvornahme ist das Zwangsmittel zur Durchsetzung einer **vertretbaren Handlung**. Sie kann durch einen Dritten (Fremdvornahme, § 10 VwVG), nach den meisten Landesgesetzen auch durch die Behörde selbst durchgeführt werden (Selbstvornahme).

Beachte: *Im Bundesrecht ist die Selbstvornahme ein Unterfall des unmittelbaren Zwangs (§ 12 VwVG).*

Beispiele: Beseitigung eines illegal errichteten Gebäudes durch ein Abbruchunternehmen, Abschleppen eines Pkw durch den Abschleppunternehmer, in den meisten Ländern auch die behördliche Veranlassung einer Notbestattung durch einen Bestattungsunternehmer (OVG NRW RÜ 2015, 608).

10 VwVG	25 LVwVG	55 PAG	10 VwVG	55 PolG	15 LVwVG	13 LVwVG	49 SOG	89 SOG	66 SOG

52 PolG	63 LVwVG	46 PolG	24 LVwVG	55 SOG	238 LVwG	53 PAG

Für Ordnungsbehörden gelten in Bbg, NRW und Thür die entsprechenden Vorschriften in § 32 BbgVwVG, § 59 VwVG NRW, § 50 ThürVwZVG.

(2) Zwangsgeld

Zwangsgeld i.d.R. bei unvertretbaren Handlungen, Duldungen und Unterlassungen

Durch das **Zwangsgeld** soll psychischer Druck auf den Pflichtigen ausgeübt werden, damit dieser das geschuldete Verhalten selbst vornimmt bzw. veranlasst. Es kommt in Abgrenzung zur Ersatzvornahme i.d.R. bei **unvertretbaren Handlungen**, Duldungen und Unterlassungen in Betracht (§ 11 Abs. 2 VwVG), also solchen Verpflichtungen, die nur von dem Betroffenen persönlich vorgenommen werden können. Bei vertretbaren Handlungen kann das Zwangsgeld verhängt werden, wenn die Ersatzvornahme untunlich ist (§ 11 Abs. 1 S. 2 VwVG). Ist das Zwangsgeld uneinbringlich, so kann das Verwaltungsgericht auf Antrag der Vollzugsbehörde **Ersatzzwangshaft** anordnen, wenn bei Androhung des Zwangsgeldes hierauf hingewiesen wurde (§ 16 VwVG).

11, 16 VwVG	23, 24 LVwVG	56, 57 PAG	11, 16 VwVG	56, 57 PolG	14, 20 LVwVG	14, 16 LVwVG	50, 51 SOG	88, 91 SOG	67, 68 SOG

53, 54 PolG	64, 67 LVwVG	47, 48 PolG	22, 23 LVwVG	56, 57 SOG	237, 240 LVwG	54, 55 PAG

Für Ordnungsbehörden gelten in Bbg, NRW und Thür die entsprechenden Vorschriften in §§ 30, 31 BbgVwVG, §§ 60, 61 VwVG NRW, §§ 48, 49 ThürVwZVG.

(3) Unmittelbarer Zwang

Unmittelbarer Zwang als ultima ratio

Unmittelbarer Zwang ist die **Einwirkung auf Personen oder Sachen** durch körperliche Gewalt, Waffen oder sonstige Hilfsmittel (z.B. Wasserwerfer etc.). Unmittelbaren Zwang darf die Behörde als **ultima ratio** nur anwenden, wenn die anderen Zwangsmittel nicht in Betracht kommen, keinen Erfolg versprechen oder unzweckmäßig sind (§ 12 VwVG). Im Einzelnen bestehen hierfür besondere gesetzliche Vorschriften, so z.B. für Bundes(polizei)behörden das Gesetz über den unmittelbaren Zwang (UZwG). Auch die Landes-Polizeigesetze enthalten durchweg besondere Vorschriften zur Anwendung von unmittelbarem Zwang.

1 ff. UZwG	49 ff. PolG	60 ff. PAG	UZwG Bln	60 ff, PolG	40 ff. PolG	17 ff, SoG	54 ff, SOG	101 ff. SOG	71 ff, SOG

57 ff. PolG	57 ff. POG	51 ff. PolG	30 ff. PolG	60 ff. SOG	250 ff. LVwG	58 ff. PAG

Für Ordnungsbehörden gelten in Bbg, NRW und Thür die entsprechenden Vorschriften in § 34 BbgVwVG, §§ 62, 66 ff. VwVG NRW, § 51 ThürVwZVG.

Im Landesrecht existieren teilweise Sondervorschriften für besondere Formen des unmittelbaren Zwangs, z.B. ärztliche Zwangsmaßnahmen (§ 18a Hbg SOG) oder Zwangsräumung (§ 27 LVwVG BW, § 35 BbgVwVG, § 18 Hbg VwVG, § 78 Hess VwVG, § 66 SOG M-V, § 62a VwVG NRW, § 26 SächsVwVG, § 215 LVwG SH, § 53 Thür VwZVG).

cc) Vollstreckungsverfahren

Das gestreckte Vollstreckungsverfahren (§ 6 Abs. 1 VwVG) gliedert sich grds. in verschiedene Abschnitte (deshalb gestreckt):

- die **Androhung** (§ 13 VwVG),
- die **Festsetzung** (§ 14 VwVG) und
- die **Anwendung** (§ 15 VwVG).

(1) Androhung

Androhung als Beugemittel

Nach § 13 Abs. 1 S. 1 VwVG müssen Zwangsmittel grds. **schriftlich angedroht** werden (beim Schusswaffengebrauch genügt die Abgabe eines Warnschusses, z.B. § 13 Abs. 1 UZwG). In der Androhung ist dem Pflichtigen für die Erfüllung der Verpflichtung eine **angemessene Frist** zu bestimmen (§ 13 Abs. 1 S. 2 VwVG). Die Androhung kann mit dem GrundVA verbunden werden, kann aber auch als eigenständiger Bescheid ergehen (§ 13 Abs. 2 VwVG). Sie muss sich auf ein **bestimmtes Zwangsmittel** beziehen (§ 13 Abs. 3 VwVG).

Im Landesrecht existieren weitgehend identische Vorschriften. Nach Bundesrecht ist die gleichzeitige Androhung mehrerer Zwangsmittel unzulässig (§ 13 Abs. 3 S. 2 VwVG). Landesrechtlich gibt es hiervon zumeist Ausnahmen, wenn angegeben wird, in welcher Reihenfolge die Zwangsmittel angewendet werden sollen (z.B. § 20 Abs. 3 S. 2 LVwVG BW, § 70 Abs. 3 S. 2 NdsSOG, § 56 Abs. 3 S. 2 PolG NRW, § 59 Abs. 3 S. 2 SOG LSA). In Hamburg ist anstelle einer Androhung der „Hinweis" erforderlich, dass die zulässigen Zwangsmittel nach Fristablauf angewendet werden können (§ 8 HbgVwVG).

13 VwVG	20 LVwVG	59 PAG	13 VwVG	59 PolG	17 LVwVG	8 LVwVG	53 SOG	87 SOG	70 SOG

56 PolG	66 LVwVG	54 PolG	20 LVwVG	59 SOG	236 LVwG	57 PAG

Androhung als Verwaltungsakt

Rechtsbehelfe ohne aufschiebende Wirkung

Die Androhung ist ein selbstständiger **Verwaltungsakt**, da sie regelnd über die Art des Zwangsmittels und des Zwangsmitteleinsatzes entscheidet. Rechtsbehelfe haben gemäß § 80 Abs. 2 S. 1 Nr. 2 VwGO (bei unaufschiebbaren Anordnungen von Polizeivollzugsbeamten) bzw. nach § 80 Abs. 2 S. 1 Nr. 3 VwGO i.V.m. Landesrecht **keine aufschiebende Wirkung**.

–	12 LVwVG	21a VwZVG	4 I AG VwGO	16 LVwVG	11 AG VwGO	29 I LVwVG	16 AG VwGO	99 I 2 SOG	64 IV SOG

112 JustG	20 AG VwGO	20 AG VwGO	11 LVwVG	53 IV SOG	248 I 2 LVwG	8 AG VwGO

(2) Festsetzung

Generelle Festsetzung nur im Bundesrecht und in einigen Ländern

Nach fruchtlosem Ablauf der Frist, die in der Androhung bestimmt ist, ist das Zwangsmittel **festzusetzen** (§ 14 S. 1 VwVG). Die Festsetzung ist die Feststellung der Behörde, dass das angedrohte Zwangsmittel nunmehr angewendet werden soll. Die meisten Länder kennen eine Festsetzung **nur beim Zwangsgeld** und haben ansonsten auf die Festsetzung als eigenständigen Vollstreckungsakt verzichtet. Eine generelle Festsetzung ist nur im Bundesrecht, in Berlin und in NRW (§ 64 VwVG NRW, nicht im PolG) vorgesehen.

Soweit die Festsetzung erforderlich ist, handelt es sich nach h.M. um einen selbstständigen **Verwaltungsakt**. Die Regelung i.S.d. § 35 S. 1 VwVfG liegt in der Ankündigung, dass das Zwangsmittel nunmehr angewendet werden kann und vom Pflichtigen geduldet werden muss.

(3) Anwendung

Abschluss der Vollstreckung durch Zwangsanwendung

Das Vollstreckungsverfahren endet mit der **Anwendung** des Zwangsmittels (z.B. § 15 VwVG).

- Bei der **Ersatzvornahme** wird der Dritte beauftragt und dieser führt den Auftrag aus.

  Beispiel: Auf Anordnung der Behörde wird das verkehrswidrig abgestellte Fahrzeug vom Abschleppunternehmer entfernt.

- Beim **Zwangsgeld** wird der festgesetzte Betrag beim Pflichtigen beigetrieben, ggf. ist Ersatzzwangshaft anzuordnen (§ 16 VwVG).
- **Unmittelbarer Zwang** wird nach dem UZwG bzw. den Vorschriften des PolG ausgeübt.

  Beispiele: Einsatz körperlicher Gewalt (z.B. Wegtragen der Versammlungsteilnehmer nach Auflösung der Versammlung), ggf. durch Hilfsmittel (z.B. Wasserwerfer) oder Waffen (Schusswaffen, Reizstoffe etc.).

Zwangsmittel muss geeignet, erforderlich und angemessen sein.

Das Zwangsmittel muss der Festsetzung (bzw. Androhung) gemäß angewendet werden und unterliegt insbes. dem Grundsatz der **Verhältnismäßigkeit**, d.h. der Verwaltungszwang muss nach Art und Ausmaß **geeignet** sein, den Pflichtigen zu dem zu erzwingenden Verhalten zu bewegen. Das Zwangsmittel muss des Weiteren **erforderlich** sein, es darf also kein milderes Mittel geben, das den beabsichtigten Erfolg ebenso gut erreichen könnte (§ 9 Abs. 2 S. 2 VwVG). Vor allem muss der Zwangsmitteleinsatz in einem **angemessenen** Verhältnis zu seinem Zweck stehen (§ 9 Abs. 2 S. 1 VwVG).

b) Sofortvollzug

Sofortvollzug ohne GrundVA

Nach § 6 Abs. 2 VwVG kann Verwaltungszwang auch **ohne vorausgehenden VA** angewendet werden, wenn der sofortige Vollzug zur Verhinderung einer rechtswidrigen Tat oder zur Abwendung einer drohenden Gefahr notwendig ist und die Behörde hierbei innerhalb ihrer Befugnisse handelt.

6 II VwVG	–	53 II PAG	6 II VwVG	53 II PolG	11 II LVwVG	–	47 II SOG	81 I SOG	64 II SOG

50 II PolG	61 II LVwVG	44 II PolG	–	53 II SOG	230 I LVwG	51 II PAG

In den meisten Ländern bestehen vergleichbare Regelungen, teilweise im PolG (z.B. Bay, Bbg, Hess, M-V, Nds, NRW, RP), teilweise wird im PolG auf das LVwVG verwiesen (z.B. Brem, RP). Für Ordnungsbehörden gelten in Bbg, NRW und Thür vergleichbare Regelungen in § 27 Abs. 1 S. 2 BbgVwVG, § 55 Abs. 2 VwVG NRW, § 54 ThürVwZVG.

In BW, Hbg und Sachs ist der Sofortvollzug nicht normiert. Dort gibt es allerdings Regelungen zum sog. vereinfachten Verfahren, bei dem z.B. auf die Androhung des Zwangsmittels verzichtet wird.

Sofortvollzug bei Vorliegen eines GrundVA

Der Sofortvollzug setzt nicht den vorherigen Erlass eines GrundVA voraus, ist nach h.M. aber **erst recht** anwendbar, wenn ein GrundVA vorliegt, aber die Vollstreckungsvoraussetzungen des § 6 Abs. 1 VwVG fehlen (z.B. weil der VA nicht sofort vollziehbar ist).

aa) Vollstreckungsvoraussetzungen

Vollstreckungsvoraussetzungen beim Sofortvollzug

- Vorliegen einer drohenden/gegenwärtigen Gefahr
- Behörde handelt „innerhalb ihrer gesetzlichen Befugnisse" (= Rechtmäßigkeit eines hypothetischen GrundVA)
- Notwendigkeit des Sofortvollzugs

drohende (gegenwärtige) Gefahr

(1) Damit der Sofortvollzug rechtmäßig ist, muss eine drohende (gegenwärtige) **Gefahr** bestehen. Die Gefahr muss sich also bereits verwirklicht haben oder mit dem Schadenseintritt muss unmittelbar, d.h. in allernächster Zukunft zu rechnen sein.

(2) Weitere Voraussetzung ist, dass die Behörde **„innerhalb ihrer gesetzlichen Befugnisse"** handelt. Das ist der Fall, wenn die Behörde berechtigt gewesen wäre, einen GrundVA zu erlassen, mit dem der Betroffene zu der Handlung, Duldung oder Unterlassung hätte verpflichtet werden können, den durch den Sofortvollzug erstrebten Erfolg herbeizuführen. Der Sofortvollzug ist daher nur rechtmäßig, wenn eine **hypothetische Grundverfügung rechtmäßig** gewesen wäre.

„innerhalb ihrer gesetzlichen Befugnisse" = Rechtmäßigkeit eines hypothetischen GrundVA (Inzidentprüfung)

(3) Schließlich muss der Sofortvollzug **notwendig** sein, d.h. der Sofortvollzug ist nur rechtmäßig, wenn die Gefahr nicht durch andere, schonendere Maßnahmen beseitigt werden kann. Insbesondere muss aufgrund der Eilbedürftigkeit gerade die Durchsetzung im Wege des Sofortvollzugs erforderlich sein. Das ist zu verneinen, wenn der Erfolg ebenso gut durch ein gestrecktes Verfahren hätte erreicht werden können.

Notwendigkeit des Sofortvollzugs

bb) Richtiges Zwangsmittel

Denkbar ist der Sofortvollzug nur bei der **Ersatzvornahme** und beim **unmittelbaren Zwang**. Das Zwangsgeld setzt als Beugemittel stets den Erlass eines GrundVA voraus, sodass beim Zwangsgeld der Sofortvollzug ausscheidet.

Sofortvollzug bei Ersatzvornahme und unmittelbaren Zwang

cc) Vollstreckungsverfahren

Eine **Androhung** ist im Sofortvollzug **entbehrlich** (§ 13 Abs. 1 S. 1 VwVG), die **Festsetzung entfällt** (§ 14 S. 2 VwVG). Entscheidend ist die **Anwendung** des Zwangsmittels, die vor allem **verhältnismäßig** sein muss (§ 9 Abs. 2 VwVG).

c) Keine Vollstreckungshindernisse

Liegen die **Vollstreckungsvoraussetzungen** vor und ist auch das **Vollstreckungsverfahren** ordnungsgemäß durchgeführt worden, ist die Vollstreckung gleichwohl nur rechtmäßig, wenn **keine Vollstreckungshindernisse** bestehen. Vollstreckungshindernisse können sich insbesondere ergeben

- wegen **rechtlicher Unmöglichkeit**,
- aus **nachträglichen materiellen Einwänden** gegen den GrundVA.

Beispiel: Gegen Eigentümer E ergeht eine vollstreckbare Beseitigungsverfügung, ohne dass gegenüber dem Mieter M eine Duldungsverfügung erlassen worden ist. Die Beseitigungsverfügung ist zwar rechtmäßig, die Vollstreckung ohne vorherige Duldungsverfügung dagegen rechtswidrig (s.o. S. 50).

II. Folgen des Verwaltungszwangs

1. Zwangsgeld

Beitreibung des Zwangsgeldes

Wird das festgesetzte **Zwangsgeld** nicht gezahlt, kann der Festsetzungsbescheid seinerseits vollstreckt werden (sog. Beitreibung). Die Beitreibung richtet sich für Bundesbehörden nach § 5 VwVG im Wesentlichen nach der Abgabenordnung (AO).

Im Landesrecht ist die Beitreibung zum Teil umfassend geregelt (z.B. §§ 15 ff. HessVwVG, §§ 2 ff. NVwVG, § 1 ff. VwVG NRW), zum Teil verweist das LVwVG seinerseits auf die AO (z.B. § 15 Abs. 1 LVwVG BW, § 35 HbgVwVG).

2. Ersatzvornahme

Kostenerstattung bei rechtmäßiger Ersatzvornahme

Die Ersatzvornahme erfolgt „auf Kosten des Pflichtigen" (§ 10 VwVG). Die Behörde hat daher einen Anspruch auf **Erstattung der Aufwendungen**, die ihr durch die Ersatzvornahme entstanden sind (vgl. z.B. §§ 19, 19a VwVG und entspr. Landesrecht).

Beispiel: Anspruch der Behörde auf Ersatz der an den Abschleppunternehmer gezahlten Abschleppkosten.

Kostenerstattung unabhängig von der Rechtmäßigkeit des GrundVA

a) Der Kostenerstattungsanspruch besteht nur dann, wenn die **Ersatzvornahme rechtmäßig** ist. Für rechtswidrige Vollstreckungsmaßnahmen dürfen keine Kosten erhoben werden. Die Rechtmäßigkeit der Vollstreckung ist ihrerseits allerdings **unabhängig von der Rechtmäßigkeit des GrundVA** (s.o. S. 107). Deshalb kommt es für den Kostenerstattungsanspruch nur darauf an, dass die **Ersatzvornahme als solche** rechtmäßig ist.

Beispiel: Der Kostenerstattungsanspruch nach einer Abschleppmaßnahme besteht unabhängig davon, ob das zugrunde liegende Halteverbotsschild rechtmäßig aufgestellt worden ist. Es darf nur nicht nichtig sein (vgl. OLG Hamm RÜ 2015, 192).

Gegenansicht: Rechtswidrigkeitszusammenhang

Nach der Gegenansicht kann ein Erstattungsanspruch im Hinblick auf die Gesetzesbindung der Verwaltung (Art. 20 Abs. 3 GG) nur bei durchgängig rechtmäßigem Verwaltungshandeln bestehen, setzt also grds. auch die **Rechtmäßigkeit des GrundVA** voraus, es sei denn dieser ist bereits unanfechtbar. Dagegen spricht jedoch, dass Grundlage einer rechtmäßigen Vollstreckung nur die Wirksamkeit, nicht die Rechtmäßigkeit des GrundVA ist (s.o. S. 107).

Erstattungsfähigkeit der Kosten nach Art und Höhe

b) Erstattungsfähig im Rahmen der Ersatzvornahme sind insbes. die an einen Dritten zu zahlenden Beträge (vgl. § 19 Abs. 1 VwVG i.V.m. § 344 Abs. 1 Nr. 8 AO bzw. entspr. Landesrecht). Ein Kostenvoranschlag (z.B. § 13 Abs. 4 VwVG) ist insoweit nicht bindend. Die Erstattungspflicht richtet sich vielmehr nach den tatsächlich entstandenen Kosten, auch wenn diese die veranschlagten Kosten erheblich überschreiten.

Die Kostenforderung muss im Übrigen stets **verhältnismäßig** sein. Das gilt auch dann wenn es sich – wie im Rahmen des § 19 VwVG – um einen gebundenen Anspruch handelt.

Verhältnismäßigkeit der Kostenforderung

Der Grundsatz der Verhältnismäßigkeit kann – je nach den Umständen des Einzelfalls – die Erstattung nur eines Teils der Kosten oder in Ausnahmefällen auch den völligen Verzicht auf die Erstattung gebieten. Zu den zu berücksichtigenden Umständen gehören neben der individuellen Leistungsfähigkeit des Pflichtigen auch Art und Umfang des Verursachungsbeitrags des Pflichtigen.

c) Sind die Voraussetzungen des Kostenerstattungsanspruchs erfüllt, so handelt es sich nach h.M. grds. um eine **gebundene Entscheidung** (vgl. z.B. § 19 Abs. 1 VwVG: „... werden Kosten erhoben"). Die Gegenansicht bejaht Ermessen der Behörde, da ggf. aus Billigkeitsgründen ganz oder teilweise von der Kostenerstattung abgesehen werden müsse. Dagegen spricht jedoch, dass diese Gesichtspunkte im Rahmen der Verhältnismäßigkeit ohnehin zu prüfen sind (s.o.), sodass kein Grund besteht, vom eindeutigen Wortlaut der kostenrechtlichen Vorschriften abzuweichen.

Rechtsfolge: gebundene Entscheidung (str.)

d) Nach h.M. kann der Erstattungsanspruch durch **Verwaltungsakt** (Leistungsbescheid) geltend gemacht werden, auch wenn dies nicht ausdrücklich vorgesehen ist. Die sog. VA-Befugnis ergibt sich kraft Gewohnheitsrecht aus dem Über-/Unterordnungsverhältnis. Nach der Gegenansicht muss der Anspruch durch Leistungsklage vor dem Verwaltungsgericht geltend gemacht werden. Aufgrund der Titel- und Vollstreckungsfunktion des Leistungsbescheides sei dafür eine ausdrückliche Ermächtigungsgrundlage erforderlich.

VA-Befugnis

Hinweis: *Auf diese Streitfrage kommt es nicht an, wenn in den Kostenvorschriften vorgesehen ist, dass der Kostenerstattungsanspruch „beigetrieben" werden kann. Denn die Beitreibung setzt stets den Erlass eines Leistungsbescheides voraus (vgl. § 3 Abs. 2 a) VwVG).*

!

aa) Zuständig für den Erlass des Leistungsbescheides ist die Vollzugsbehörde. Das ist die Behörde, die den GrundVA erlassen hat (vgl. z.B. § 7 VwVG).

Zuständigkeit

bb) Vor Erlass des Leistungsbescheides als belastenden VA muss grds. gemäß § 28 Abs. 1 VwVfG eine **Anhörung** stattfinden. Die Ausnahme des § 28 Abs. 2 Nr. 5 VwVfG gilt nur für Maßnahmen „in" der Verwaltungsvollstreckung, nicht dagegen beim Leistungsbescheid nach abgeschlossener Vollstreckung.

Verfahren

cc) Eine **Form** ist für den Leistungsbescheid nicht vorgeschrieben. Damit die zugrunde liegende Forderung aber ihrerseits beigetrieben werden kann (vgl. z.B. § 3 Abs. 2 a) VwVG), muss der Leistungsbescheid schriftlich ergehen und muss in diesem Fall gemäß § 39 Abs. 1 VwVfG begründet werden.

Form

Rechtmäßigkeit des Kostenbescheides nach Ersatzvornahme

I. Ermächtigungsgrundlage für den Kostenbescheid
(§§ 10, 19 VwVG bzw. entspr. Landesrecht)

II. Formelle Rechtmäßigkeit des Kostenbescheids

1. Zuständigkeit (§ 7 VwVG bzw. Landesrecht)

2. Verfahren, § 28 Abs. 2 Nr. 5 VwVfG gilt nicht

3. Form, i.d.R. schriftlich (arg. e § 3 Abs. 2 lit. a VwVG)

III. Materielle Rechtmäßigkeit des Kostenbescheids

1. Anspruch auf Kostenerstattung, wenn **Vollstreckung rechtmäßig**

a) Vollstreckungsvoraussetzung

aa) Gestrecktes Verfahren

- GrundVA auf Handlung, Duldung, Unterlassung
- Vollstreckbarkeit
- Rechtmäßigkeit irrelevant, nur Wirksamkeit

bb) Sofort-Vollzug

- drohende/gegenwärtige Gefahr
- Handeln innerhalb der gesetzlichen Befugnisse = Rechtmäßigkeit eines hypoth. GrundVA

b) Ordnungsgemäßes Vollstreckungsverfahren

aa) Richtiges Zwangsmittel

bb) Wirksame Androhung

cc) ggf. **Festsetzung**

dd) ordnungsgemäße Anwendung, insbes. VHMK

c) Keine Vollstreckungshindernisse

- rechtliche Unmöglichkeit
- nachträgliche materielle Einwendungen

d) Rechtsfolge: Ermessen bzgl. „ob" und „wie" der Vollstreckung

2. Kostentragungspflicht

a) Kostenschuldner = Pflichtiger, d.h. Störer

b) Kostenforderung nach **Art und Höhe** gerechtfertigt

c) Rechtsfolge: i.d.R. gebundene Entscheidung

d) VA-Befugnis

1. Nach welchen Vorschriften richtet sich die Vollstreckung einer Polizei-/Ordnungsverfügung?

1. Für die Bundespolizei gelten das VwVG und das UZwG. Bei Vollstreckung durch die Polizei auf Landesebene ist diese teilweise im LPolG geregelt, im Übrigen gilt das LVwVG.

2. Welche beiden Arten des Verwaltungszwangs sind nach dem VwVG bzw. PolG zu unterscheiden?

2. Das VwVG unterscheidet das sog. gestreckte Verfahren (§ 6 Abs. 1 VwVG) und den Sofortvollzug (§ 6 Abs. 2 VwVG). In den Polizeigesetzen gilt entsprechendes (außer BW, Hbg, Sachs).

3. Welches sind die Vollstreckungsvoraussetzungen im gestreckten Verfahren?

3. Voraussetzung für ein gestrecktes Verfahren ist das Vorliegen eines wirksamen GrundVA auf Handlung, Duldung oder Unterlassung, der vollstreckbar sein muss, d.h. unanfechtbar oder sofort vollziehbar.

4. Nennen Sie die wichtigsten Zwangsmittel!

4. Zwangsmittel sind insbes. die Ersatzvornahme, das Zwangsgeld und der unmittelbare Zwang.

5. Nennen Sie die einzelnen Vollstreckungsakte im gestreckten Verfahren nach dem VwVG!

5. Vollstreckungsakte sind die Androhung (§ 13 VwVG), die Festsetzung (§ 14 VwVG) und die Anwendung (§ 15 VwVG).

6. Was versteht man unter Sofortvollzug?

6. Sofortvollzug meint den Verwaltungszwang ohne vorherigen Erlass eines vollziehbaren GrundVA, gilt aber nach h.M. erst recht, wenn ein GrundVA vorliegt und das gestreckte Verfahren aus anderen Gründen ausscheidet.

7. Nennen Sie die Voraussetzungen für den Sofortvollzug!

7. Voraussetzungen für den Sofortvollzug (z.B. nach § 6 Abs. 2 VwVG) sind:

- Vorliegen einer drohenden (gegenwärtigen) Gefahr,
- Handeln innerhalb der gesetzlichen Befugnisse,
- Notwendigkeit des Sofortvollzugs.

8. Was versteht man unter der Formulierung beim Sofortvollzug, dass „die Behörde hierbei innerhalb ihrer gesetzlichen Befugnisse handelt"?

8. Die Behörde handelt nur dann innerhalb ihrer gesetzlichen Befugnisse, wenn sie berechtigt gewesen wäre, den Betroffenen durch VA zu der Handlung, Duldung oder Unterlassung zu verpflichten, den durch den Sofortvollzug erstrebten Erfolg herbeizuführen (Rechtmäßigkeit einer hypothetischen Grundverfügung).

9. Ist die Rechtmäßigkeit des GrundVA Voraussetzung für die Rechtmäßigkeit eines gestreckten Vollstreckungsverfahrens?

9. Grundlage einer rechtmäßigen Vollstreckung im gestreckten Verfahren ist allein die Wirksamkeit, nicht die Rechtmäßigkeit des GrundVA. Dies gilt nach h.Rspr. auch für die Kostenerstattung.

7. Abschnitt: Unmittelbare Ausführung

In den meisten Polizeigesetzen ist vorgesehen, dass die Polizei eine Maßnahme auch selbst oder durch einen Beauftragten **unmittelbar ausführen** kann, wenn der Zweck der Maßnahme durch Inanspruchnahme der Störer nicht oder nicht rechtzeitig erreicht werden kann.

19 BPolG	8 PolG	9 PAG	15 ASOG	–	–	7 SOG	8 SOG	70a SOG	–

–	6 POG	–	6 PolG	9 SOG	–	9 PAG 12 OBG

A. Rechtliche Einordnung

Keine Befugnisnorm, keine Vollstreckungsnorm

Die unmittelbare Ausführung ist gesetzessystematisch weder eine Befugnisnorm im eigentlichen Sinne noch eine Vollstreckungsnorm. Sie gewährt **keine eigenständigen Eingriffsbefugnisse**, sondern ergänzt diejenige Befugnisnorm, welche die Grundlage der unmittelbar ausgeführten Maßnahme bildet.

Beispiel: Unmittelbare Ausführung eines Entfernungsgebotes auf der Grundlage der Generalklausel.

Unterschied zum Verwaltungszwang: keine Willensbeugung

Der Unterschied zum Verwaltungszwang besteht nach h.M. darin, dass bei der unmittelbaren Ausführung ein entgegenstehender Wille des Pflichtigen **nicht gebeugt** wird, weil der Adressat noch gar nicht in die Pflicht genommen wurde. Bei Vollstreckungsmaßnahmen müsse ein **entgegenstehender Wille** zumindest vermutet werden. Die unmittelbare Ausführung entspreche dagegen eher einer Geschäftsführung ohne Auftrag.

Vorrang der unmittelbaren Ausführung

Nach der Gegenauffassung besteht aufgrund der systematischen Stellung der unmittelbaren Ausführung im Rahmen der Störervorschriften ein grundsätzlicher **Vorrang der unmittelbaren Ausführung**, weil das Polizeirecht als spezielleres Recht dem allgemeinen Vollstreckungsrecht vorgehe.

Eine Streitentscheidung ist in der Klausur regelmäßig nicht erforderlich, da beide Rechtsinstitute im Kern die gleichen Voraussetzungen haben (s.u. S. 121).

Besondere Bedeutung hat die Abgrenzung bei den sog. **Abschleppfällen**, wenn kein Verwaltungsakt vorausgeht und das äußere Erscheinungsbild mit dem einer Ersatzvornahme im Sofortvollzug identisch ist (vgl. BVerwG RÜ 2016, 535, 536).

In den Ländern, in denen beide Institute geregelt sind (BayPAG, Bln, Hess, M-V, LSA, RP und Thür) hat die unmittelbare Ausführung Vorrang. Der Sofortvollzug ist hier nur einschlägig, wenn eine unmittelbare Ausführung nicht möglich ist. In BW, Hbg und Sachs ist nur die unmittelbare Ausführung normiert, in Bbg, Brem, Nds, NRW, Saar und in SH nur der Sofortvollzug. In diesen Ländern findet die jeweilige Sofortmaßnahme in beiden Fallgestaltungen Anwendung.

B. Rechtsnatur der unmittelbaren Ausführung

Realakt, nach a.A. adressatenloser VA

Die Rechtsnatur der unmittelbaren Ausführung ist umstritten. Teilweise wird sie als **(adressatenloser) Verwaltungsakt** qualifiziert, überwiegend dagegen als **Realakt**. Für Letzteres spricht, dass mit der unmittelbaren Ausführung unmittelbar keine Rechtsfolgen gesetzt werden und es damit an einer Regelung i.S.d. § 35 VwVfG fehlt. Im Übrigen ist bei der unmittelbaren Ausführung ein Adressat regelmäßig nicht greifbar, sodass ein Verwaltungsakt nicht wirksam bekannt gegeben werden könnte.

C. Rechtmäßigkeit der unmittelbaren Ausführung

Unmittelbare Ausführung

I. Ermächtigungsgrundlage

II. Formelle Rechtmäßigkeit, insbes. Zuständigkeit

III. Materielle Rechtmäßigkeit

1. **Nichterreichbarkeit des Pflichtigen**
2. **Rechtmäßigkeit eines hypothetischen GrundVA**
   a) **Formelle Rechtmäßigkeit des hypoth. GrundVA**
   b) **Materielle Rechtmäßigkeit des hypoth. GrundVA**
3. **Rechtsfolge: Ermessen**

I. Ermächtigungsgrundlage

Ermächtigungsgrundlage i.w.S.

Obwohl die Vorschriften über die unmittelbare Ausführung keine eigenständige Befugnis für einen Eingriff begründen, sind die Normen gleichwohl einer Ermächtigungsgrundlage im weiteren Sinne nachempfunden.

19 BPolG	8 PolG	9 PAG	15 ASOG	7 SOG	8 SOG	70a SOG	6 POG	6 PolG	9 SOG	9 PAG 12 OBG

II. Formelle Rechtmäßigkeit

§§ 28, 39 VwVfG gelten nicht, da kein VA (str.)

Neben der **Zuständigkeit** der handelnden Behörde bestehen keine weiteren formellen Anforderungen, insbesondere sind nach § 9 VwVfG die §§ 28, 39 VwVfG (Anhörung, Begründung) nicht anwendbar, weil es sich bei der unmittelbaren Ausführung nicht um einen Verwaltungsakt, sondern um einen **Realakt** handelt (s.o.).

III. Materielle Rechtmäßigkeit

1. Nichterreichbarkeit des Pflichtigen

Subsidiarität gegenüber Inanspruchnahme des Störers

Die unmittelbare Ausführung setzt voraus, dass der **Zweck der Maßnahme** durch Inanspruchnahme des Verhaltens- oder Zustandsstörers **nicht oder nicht rechtzeitig** erreicht werden kann. Die unmittelbare Ausführung ist also **subsidiär** gegenüber der unmittelbaren Inanspruchnahme des Störers.

Unmittelbare Ausführung gegenüber Abwesenden

Unproblematisch ist dies, wenn der Pflichtige am Ort der Maßnahme **nicht anwesend** ist. Dasselbe gilt, wenn der Pflichtige zwar **anwesend**, aber aus anderen Gründen nicht in der Lage ist, seinen Pflichten nachzukommen.

Beispiele: Rettung von Risikosportlern aus Seenot (OVG SH RÜ 2015, 602), Befreiung von angeketteten Aktivisten bei einem Castor-Transport (OVG SH RÜ 2016, 251).

Unmittelbare Ausführung gegenüber Anwesenden

Ebenso ist die unmittelbare Ausführung auch **bei Anwesenheit** des vermeintlichen Störers dann möglich, wenn dessen **Pflichtigkeit noch unklar** ist (z.B. bei Gefahrenverdacht oder Verursachungsverdacht). Ist die **Störereigenschaft** des Anwesenden hingegen **sicher**, kommt eine unmittelbare Ausführung schon tatbestandsmäßig nicht in Betracht. Kommt der Störer der Inanspruchnahme nicht nach, muss sein entgegenstehender Wille ggf. im Wege der **Verwaltungsvollstreckung** überwunden werden.

Beispiele: Wird ein Auto im Bereich eines Halteverbots (Zeichen 283 der Anlage 2 zu § 41 Abs. 1 StVO) abgestellt, verstößt der Fahrer gegen das aus dem Verkehrszeichen resultierende Wegfahrgebot, sodass das Abschleppen nicht als unmittelbare Ausführung, sondern als Ersatzvornahme zu qualifizieren ist.

Wird das Auto dagegen unter Verstoß gegen § 12 Abs. 3 Nr. 3 StVO vor einer Grundstücksausfahrt geparkt, kann kein entgegenstehender Wille unterstellt werden und das Abschleppen erfolgt im Wege der unmittelbaren Ausführung.

Keine unmittelbare Ausführung beim Nichtstörer

Umstritten ist, ob die unmittelbare Ausführung einer Maßnahme auch gegenüber dem **Nichtstörer** zulässig ist. Dagegen spricht jedoch der Wortlaut der o.g. Vorschriften, die nur auf die Störer-Vorschriften Bezug nehmen.

2. Rechtmäßigkeit einer hypothetischen Grundverfügung

Rechtmäßigkeit der unmittelbaren Ausführung nur bei Rechtmäßigkeit einer hypothetischen Grundverfügung

Nach herrschendem Verständnis ist die unmittelbare Ausführung nur rechtmäßig, wenn eine **hypothetische Grundverfügung rechtmäßig** gewesen wäre (also wie beim Sofortvollzug, s.o. S. 113). Teilweise wird dagegen lediglich das **Vorliegen einer Gefahr** und die **Störereigenschaft** geprüft. Für die h.M. spricht, dass die o.g. Vorschriften lediglich die unmittelbare Ausführung der Maßnahme erlauben, die **Maßnahme selbst** kann aber nicht auf die Norm über die unmittelbare Ausführung gestützt werden, sondern bedarf einer eigenen Ermächtigungsgrundlage. In der Regel ist dies die polizei-/ordnungsrechtliche Generalklausel. **Die Rechtmäßigkeit der unmittelbaren Ausführung ist also akzessorisch zur Rechtmäßigkeit der hypothetischen Grundverfügung.**

!

Aufbauhinweis: *Die (formelle und materielle) Rechtmäßigkeit der hypothetischen Grundverfügung ist daher inzident in Rahmen der materiellen Rechtmäßigkeit der unmittelbaren Ausführung zu prüfen.*

a) Formelle Rechtmäßigkeit der hypothetischen Grundverfügung

Formelle Rechtmäßigkeit der hypothetischen Grundverfügung

Die **Zuständigkeit** der Polizei für den Erlass der hypothetischen Grundverfügung folgt i.d.R. aus ihrer Eilfallkompetenz. Eine **Anhörung** (in Bezug auf die Grundverfügung) ist i.d.R. nach § 28 Abs. 2 Nr. 1 VwVfG wegen Gefahr im Verzug nicht erforderlich.

b) Materielle Rechtmäßigkeit der hypothetischen Grundverfügung

Materielle Rechtmäßigkeit der hypothetischen Grundverfügung

Materielle Voraussetzung der hypothetischen Grundverfügung ist insbes. das Vorliegen einer **Gefahr für die öffentliche Sicherheit** und die **Verantwortlichkeit** des potentiell Betroffenen als Verhaltens- oder Zustandsstörer. Außerdem muss die hypothetische Grundverfügung den **allgemeinen Rechtmäßigkeitsanforderungen** entsprechen, d.h. insbes. verhältnismäßig sein.

3. Rechtsfolge

Rechtsfolge: Ermessen bzgl. „Ob" und „Wie" der unmittelbaren Ausführung

Sind die Voraussetzungen für die unmittelbare Ausführung erfüllt, „kann" die Behörde die Maßnahme entweder selbst unmittelbar ausführen (Selbstvornahme) oder von einem Dritten ausführen lassen (Fremdvornahme), die Behörde hat also **Ermessen**.

Das Ermessen bezieht sich sowohl auf das **„Ob"** der Maßnahme (ob überhaupt eine unmittelbare Ausführung erfolgt oder ggf. versucht wird, den Pflichtigen doch noch in Anspruch zu nehmen) als auch auf das **„Wie"** (Selbstvornahme oder Fremdvornahme).

D. Kostenbescheid nach unmittelbarer Ausführung

Kostenbescheid nach unmittelbarer Ausführung ≠ Kostenbescheid nach Ersatzvornahme (dazu oben S. 114 ff.)

Entstehen der Polizei durch die unmittelbare Ausführung Kosten (Gebühren und Auslagen), so sind der (Verhaltens- oder Zustands-) Störer zum Ersatz verpflichtet (vgl. z.B. § 19 Abs. 2 S. 1 BPolG).

I. Ermächtigungsgrundlage für Kostenbescheid

19 II 1 BPolG	8 II 1 PolG	9 II 1 PAG	15 II 1 ASOG	–	–	7 III 1 SOG	8 II 1 SOG	114 III SOG	–

–	6 II 1 POG	–	6 II PolG	9 II 1 SOG	–	9 II 1 PAG	12 II 1 OBG

II. Formelle Rechtmäßigkeit des Kostenbescheids

Formelle Rechtmäßigkeit des Kostenbescheids

Der Kostenbescheid muss von der **zuständigen Behörde** erlassen werden. Da die Vorschrift über die unmittelbare Ausführung keinen Wechsel der Zuständigkeit bewirkt, ist die Behörde zuständig, die für den Erlass der hypothetischen Grundverfügung zuständig gewesen wäre. Nach § 28 Abs. 1 VwVfG hat vor Erlass des Kostenbescheides grds. eine **Anhörung** zu erfolgen.

III. Materielle Rechtmäßigkeit des Kostenbescheids

1. Da die Kostenforderung Annex zur unmittelbaren Ausführung ist, ist der Kostenbescheid nur rechtmäßig, wenn die **unmittelbare Ausführung selbst rechtmäßig** war.

!

Aufbauhinweis: *Dies führt dann zu einer* ***doppelten Inzidentprüfung****:*

- *Der Kostenbescheid ist nur rechtmäßig, wenn die* ***unmittelbare Ausführung rechtmäßig*** *ist.*
- *Die unmittelbare Ausführung ist nur rechtmäßig, wenn die* ***hypothetische Grundverfügung*** *rechtmäßig gewesen wäre.*

2. Kostenpflichtig ist der Verhaltens- oder Zustandsstörer. Mehrere Verantwortliche haften als Gesamtschuldner (vgl. z.B. § 19 Abs. 2 S. 2 BPolG).

3. Rechtsfolge

a) Ob die Kostenforderung im **Ermessen** der Behörde steht, ist umstritten. Dagegen spricht der Wortlaut der o.g. Vorschriften („sind ... verpflichtet" bzw. „werden erhoben"). Allerdings darf die Kostenforderung in keinem Fall unverhältnismäßig sein (s.o. S. 115). Davon ist jedoch nur in extremen Ausnahmefällen auszugehen.

b) Der **Umfang** der zu erstattenden Kosten hängt davon ab, ob eine Beauftragung eines Dritten oder eine Selbstvornahme erfolgt. Im Fall der Beauftragung sind die Kosten zu erstatten, die der Dritte von der Behörde tatsächlich erhält. Im Fall der Selbstvornahme sind nur solche Kosten zu erstatten, die in **unmittelbar kausalem Zusammenhang** mit der unmittelbaren Ausführung stehen (vgl. „durch"). Nicht erstattungsfähig sind daher allgemeine Personalkosten oder Kosten, die ohnehin angefallen wären.

Beispiel: Kein Anspruch auf Erstattung sog. Sowieso-Kosten (vgl. OVG SH RÜ 2015, 606, 605 f. u. OVG SH RÜ 2016, 251, 255 f.).

c) Aus den o.g. Vorschriften ergibt sich auch die Befugnis der Behörde, die Kosten durch Leistungsbescheid festzusetzen (sog. **VA-Befugnis**).

Vgl. z.B. § 19 Abs. 2 S. 3 BPolG: „Die Kosten können im Verwaltungsvollstreckungsverfahren beigetrieben werden", was den Erlass eines Leistungsbescheides voraussetzt (vgl. § 3 Abs. 2 a VwVG).

Rechtmäßigkeit des Kostenbescheides bei unm. Ausführung

I. Ermächtigungsgrundlage für den Kostenbescheid

II. Formelle Rechtmäßigkeit des Kostenbescheids

III. Materielle Rechtmäßigkeit des Kostenbescheids

1. **Rechtmäßigkeit der unmittelbaren Ausführung**
   - a) **Formelle Rechtmäßigkeit** der unm. Ausführung
   - b) **Materielle Rechtmäßigkeit** der unm. Ausführung
     = Rechtmäßigkeit des hypothetischen GrundVA
     - aa) **Formelle Rechtmäßigkeit** des hypoth. GrundVA
     - bb) **Materielle Rechtmäßigkeit** des hypoth. GrundVA
2. **Kostenpflicht** des Störers
3. **Rechtsfolge**
   - a) **Gebundene** Entscheidung (str.)
   - b) **Umfang** der zu erstattenden Kosten
   - c) **VA-Befugnis**

1. Was versteht man unter unmittelbarer Ausführung?	**1.** Die Polizei kann eine Maßnahme selbst oder durch einen Beauftragten unmittelbar ausführen, wenn der Zweck der Maßnahme durch Inanspruchnahme eines Störers nicht oder nicht rechtzeitig erreicht werden kann (vgl. z.B. § 19 BPolG).
2. Wie ist die unmittelbare Ausführung dogmatisch einzuordnen?	**2.** Die unmittelbare Ausführung ist weder eine Befugnisnorm noch eine Vollstreckungsnorm. Sie gewährt keine eigenständigen Eingriffsbefugnisse, sondern ergänzt diejenige Befugnisnorm, welche die Grundlage der unmittelbar ausgeführten Maßnahme bildet.
3. Welche Rechtsnatur hat die unmittelbare Ausführung?	**3.** Die Rechtsnatur der unmittelbaren Ausführung ist umstritten. Teilweise wird sie als adressatenloser Verwaltungsakt qualifiziert, überwiegend dagegen als Realakt. Für Letzteres spricht, dass durch die unmittelbare Ausführung keine Rechtsfolgen gesetzt werden.
4. Unter welchen Voraussetzungen ist die unmittelbare Ausführung materiell rechtmäßig?	**4.** Die unmittelbare Ausführung ist materiell rechtmäßig, wenn ■ der Zweck der Maßnahme durch Inanspruchnahme eines Störers nicht oder nicht rechtzeitig erreicht werden kann und ■ eine hypothetische Grundverfügung rechtmäßig gewesen wäre.
5. Welche Rechtsfolge hat die unmittelbare Ausführung auf der Sekundärebene?	**5.** Entstehen der Polizei durch die unmittelbare Ausführung einer Maßnahme Kosten (Gebühren und Auslagen), so ist der Störer zum Ersatz verpflichtet. Mehrere Verantwortliche haften als Gesamtschuldner. Die Kosten können im Verwaltungsvollstreckungsverfahren beigetrieben werden (vgl. z.B. § 19 Abs. 2 BPolG).
6. Wann ist ein Kostenbescheid nach unmittelbarer Ausführung materiell rechtmäßig?	**6.** Der Kostenbescheid ist nur rechtmäßig, wenn die unmittelbare Ausführung rechtmäßig ist. Diese ist wiederum nur rechtmäßig, wenn die hypothetische Grundverfügung rechtmäßig gewesen wäre.
7. Welche Kosten sind aufgrund der unmittelbaren Ausführung im Fall der Selbstvornahme erstattungsfähig?	**7.** Im Fall der Selbstvornahme sind nur solche Kosten zu erstatten, die in unmittelbar kausalem Zusammenhang mit der unmittelbaren Ausführung stehen (also nicht sog. Sowieso-Kosten, die ohnehin angefallen wären).

8. Abschnitt: Sekundäransprüche

A. Ansprüche des Bürgers

Polizei-/ordnungsbehördliche Maßnahmen können zu Nachteilen des Betroffenen führen, die ggf. auszugleichen sind (sog. **Sekundäransprüche**). Da die Gefahrenabwehr hoheitliche Tätigkeit ist, können sich Ausgleichsansprüche des Bürgers insbesondere aus Amtshaftung oder Aufopferung ergeben.

I. Amtshaftung (§ 839 BGB i.V.m. Art. 34 S. 1 GG)

Verletzt jemand in Ausübung eines ihm anvertrauten öffentlichen Amtes schuldhaft die ihm einem Dritten gegenüber obliegende Amtspflicht, so besteht ein **Schadensersatzanspruch** nach § 839 BGB i.V.m. Art. 34 S. 1 GG).

Ausgangspunkt ist hierbei die auf Schadensersatz gerichtete Norm des § 839 BGB, der an sich eine persönliche Haftung des Beamten begründet. Durch Art. 34 S. 1 GG wird diese Haftung auf den Staat übergeleitet. § 839 BGB und Art. 34 S. 1 GG bilden deshalb eine **einheitliche Anspruchsgrundlage**.

Amtshaftung (§ 839 BGB i.V.m. Art. 34 S. 1 GG)
1. Voraussetzungen
a) Hoheitliches Handeln
b) Verletzung einer drittbezogenen Amtspflicht
c) Verschulden (§ 276 BGB: Vorsatz, Fahrlässigkeit)
d) Kein Haftungsausschluss (§ 839 Abs. 1 S. 2, § 839 Abs. 3 BGB)
2. Rechtsfolge: Schadensersatz in Geld, ggf. Anspruchsminderung bei Mitverschulden, § 254 BGB

1. Voraussetzungen

a) Hoheitliches Handeln

Die Haftung nach § 839 BGB, Art. 34 GG setzt voraus, dass jemand in Ausübung eines ihm anvertrauten öffentlichen Amtes gehandelt hat. Die Amtshaftung erfasst daher nur die öffentlich-rechtliche, d.h. **hoheitliche** Tätigkeit der Verwaltung. Handelt die Verwaltung dagegen privatrechtlich, richtet sich die Haftung – wie bei jedem Bürger auch – nach den §§ 823 ff. BGB.

- § 839 BGB, Art. 34 GG bei hoheitlichen Maßnahmen
- §§ 823 ff. BGB bei privatrechtlichem Handeln

Da die Polizei-/Ordnungsbehörde im Gefahrenabwehrrecht hoheitlich handelt, ist diese Voraussetzung i.d.R. unproblematisch.

b) Amtspflichtverletzung

Wesentliche Voraussetzung der Amtshaftung ist die Verletzung einer einem Dritten gegenüber obliegenden Amtspflicht.

Wichtigste Amtspflichten:
- Pflicht zu rechtmäßigem Verwaltungshandeln
- keine unerlaubten Handlungen

aa) Amtspflichten können sich aus Gesetz, RechtsVO oder Satzung, aber auch aus Verwaltungsvorschriften ergeben. Wichtigste Amtspflicht ist die **Pflicht zu rechtmäßigem Verwaltungshandeln** (Art. 20 Abs. 3 GG). Besondere Ausprägung ist die Pflicht, bei der Amtsausübung **keine unerlaubte Handlung** zu begehen.

Beispiele: Die Polizeimaßnahme beruht auf einem Irrtum des handelnden Beamten (sog. Scheingefahr, s.o. S. 36). Die Polizei nimmt eine falsche Person als Störer in Anspruch oder das Einschreiten beruht auf einem Ermessensfehler.

Drittbezogenheit der Amtspflicht

bb) Die Amtspflicht muss einem **Dritten gegenüber** bestehen, d.h. die Amtspflicht muss individualschützend sein. Dies richtet sich – wie bei der Klagebefugnis (§ 42 Abs. 2 VwGO) im Prozessrecht – nach der sog. **Schutznormtheorie**: Die verletzte Amtspflicht darf nicht nur im Interesse der Allgemeinheit bestehen, sondern muss zumindest auch dem Schutz der Individualinteressen des Einzelnen zu dienen bestimmt sein.

Beispiel: Die Amtspflicht, nur rechtmäßige Baugenehmigungen zu erteilen, besteht grds. gegenüber dem Bauherrn, gegenüber dem Nachbarn nur, soweit es um nachbarschützende Vorschriften geht.

Konsequenz: Bei der Frage der Amtspflichtverletzung ist inzident die Rechtmäßigkeit der polizeilichen Maßnahme zu prüfen (vgl. z.B. BGH RÜ 2017, 741).

cc) Die Amtspflicht muss **verletzt** sein. Das ist i.d.R. der Fall, wenn das polizeiliche Handeln rechtswidrig ist.

c) Verschulden

Die Amtspflichtverletzung muss vorsätzlich oder fahrlässig, d.h. schuldhaft i.S.d. § 276 BGB erfolgt sein. **Vorsätzlich** handelt der Amtswalter, wenn er zumindest billigend in Kauf nimmt, gegen eine Amtspflicht zu verstoßen. **Fahrlässig** handelt er, wenn er bei Anwendung eines objektiven Sorgfaltsmaßstabs sein Verhalten als amtspflichtwidrig hätte erkennen können.

d) Kein Haftungsausschluss

§ 839 Abs. 1 S. 2 BGB: Subsidiarität der Amtshaftung bei Fahrlässigkeit

aa) Ist die Amtspflichtverletzung fahrlässig begangen, so besteht ein Amtshaftungsanspruch nur, wenn der Verletzte nicht auf andere Weise Ersatz zu erlangen vermag (§ 839 Abs. 1 S. 2 BGB), sog. **Subsidiaritätsklausel**. In der Klausur muss an dieser Stelle geprüft werden, ob der Geschädigte **Ansprüche gegen Dritte** hat. Ist dies der Fall, ist der Amtshaftungsanspruch ausgeschlossen. Allerdings wird die Subsidiaritätsklausel heute einschränkend ausgelegt. Sie gilt nicht, wenn sie zu einer unbilligen Haftungsfreistellung des Staates führen würde.

Beispiel: § 839 Abs. 1 S. 2 BGB gilt nicht für Versicherungsleistungen, die der Geschädigte durch eigene Leistungen verdient hat und die nicht zu einer Haftungsbefreiung des Staates führen dürfen (z.B. Ansprüche aus Lebens-, Kranken- oder Unfallversicherungen).

§ 839 Abs. 3 BGB: Vorrang des Primärrechtsschutzes, kein „Dulde und Liquidiere"

bb) Der Amtshaftungsanspruch ist außerdem ausgeschlossen, wenn es der Verletzte schuldhaft unterlassen hat, den Schaden durch Gebrauch eines **Rechtsmittels** abzuwenden (§ 839 Abs. 3 BGB). Der Bürger soll abwehrbare Schäden nicht klaglos hinnehmen, um später seinen Schaden liquidieren zu können (kein „Dulde und Liquidiere").

Beispiel: Der Amtshaftungsanspruch ist ausgeschlossen, wenn der Betroffene es schuldhaft versäumt hat, gegen einen rechtswidrigen Verwaltungsakt Widerspruch und Anfechtungsklage zu erheben.

2. Rechtsfolge

Schadensersatz nach §§ 249 ff. BGB in Geld, keine Naturalrestitution

Sind die Voraussetzungen des § 839 BGB, Art. 34 GG erfüllt, ist der **Schaden** auszugleichen, der durch die Amtspflichtverletzung zurechenbar verursacht worden ist. Für den **Umfang des Anspruchs** gelten die allgemeinen Vorschriften in §§ 249 ff. BGB. Der Anspruch umfasst auch den entgangenen Gewinn (§ 252 BGB) und unter den Voraussetzungen des § 253 Abs. 2 BGB auch Schmerzensgeld. Er ist allerdings **stets auf Geld** gerichtet (§ 251 BGB). Naturalrestitution gem. § 249 Abs. 1 BGB ist ausgeschlossen, da der nach § 839 BGB an sich verantwortliche Beamte nur auf Geld, nicht auf Vornahme einer Amtshandlung in Anspruch genommen werden könnte. Die Überleitung auf den Staat durch Art. 34 S. 1 GG ändert an diesem Haftungsinhalt nichts. Ein etwaiges **Mitverschulden** des Geschädigten ist nach § 254 BGB zu berücksichtigen.

II. Polizei-/ordnungsrechtliche Unrechtshaftung

Neben der Amtshaftung aus § 839 BGB, Art. 34 GG besteht in den meisten Ländern ein Anspruch auf Entschädigung, wenn jemand durch eine **rechtswidrige Maßnahme** der Polizei-/Ordnungsbehörde einen Schaden erleidet. Anders als die Amtshaftung ist die POR-Haftung **verschuldensunabhängig**. Im Gegensatz zur Amtshaftung handelt es sich aber nicht um einen Schadensersatz-, sondern um einen Entschädigungsanspruch. Ersetzt wird i.d.R. nur der unmittelbare Vermögensschaden, mittelbare Nachteile und entgangener Gewinn nur unter bestimmten Voraussetzungen.

51 II Nr. 1 BPolG	–	–	59 II ASOG	38 I b OBG	56 I 2 PolG	–	64 I 2 SOG	–	80 I 2 SOG

39 I b OBG	68 I 2 POG	68 I 2 PolG	–	69 I 2 SOG	–	68 I 2 PAG

Für die Polizei gilt in Brandenburg der Verweis in § 70 BbgPolG und in NRW § 67 PolG NRW, in Thüringen für die Ordnungsbehörde § 52 ThürOBG. Fehlt eine Regelung im Landesrecht, folgt ein gleichgelagerter Anspruch aus dem Aufopferungsgewohnheitsrecht (s.u. S. 130).

III. Unionsrechtliche Staatshaftung

Klausurhinweis: Erst § 839 BGB, Art. 34 GG, dann unionsrechtliche Staatshaftung prüfen!

Bei Verstößen gegen das primäre und sekundäre Unionsrecht hat der EuGH neben der Amtshaftung das eigenständige Rechtsinstitut der unionsrechtlichen Staatshaftung geschaffen. Dieser ungeschriebene Anspruch ergibt sich unmittelbar aus dem Unionsrecht.

1. Voraussetzungen

Die unionsrechtliche Staatshaftung hat nach der Rspr. des EuGH drei Voraussetzungen:

- Verletzung von **individualschützendem Unionsrecht**,
- Vorliegen eines **hinreichend qualifizierten Verstoßes**,
- **unmittelbarer Kausalzusammenhang** zwischen Pflichtverletzung und Schaden.

Verschuldensunabhängige Staatshaftung

Ein **Verschulden**, wie es der nationale Amtshaftungsanspruch verlangt (s.o. S. 126), ist im Unionsrecht **nicht erforderlich**.

Beispiel: Haftung des Staates bei rechtswidrigen Beschränkungen der Grundfreiheiten (z.B. Art. 34, 56 AEUV), z.B. bei unzulässiger Untersagung von Sportwetten (von BGH RÜ 2015, 462, 463 mangels hinreichend qualifiziertem Verstoß verneint).

2. Rechtsfolge

Haftungsfolgen nach nationalem Recht

Während sich der Haftungstatbestand aus dem Unionsrecht ergibt, richten sich die **Haftungsfolgen** im Wesentlichen nach nationalem Recht. Allerdings darf das nationale Recht die Durchsetzung des Anspruchs nicht praktisch unmöglich machen oder übermäßig erschweren (Effektivitätsgrundsatz).

So ist z.B. die Subsidiaritätsklausel (§ 839 Abs. 1 S. 2 BGB) unanwendbar, weil es sich bei der unionsrechtlichen Haftung um eine unmittelbare Staatshaftung handelt. Anwendbar ist dagegen der Rechtsgedanke des § 839 Abs. 3 BGB.

IV. Vertragsähnliche Ansprüche

Wie im Privatrecht können auch im Öffentlichen Recht neben deliktischen Ansprüchen **vertragliche Schadensersatzansprüche** bestehen. Außer beim öffentlich-rechtlichen Vertrag, wo bei Pflichtverletzungen Schadensersatzansprüche gemäß § 62 S. 2 VwVfG i.V.m. § 280 BGB bestehen können, gilt dies auch für **vertragsähnliche Sonderbeziehungen**, wenn zwischen Staat und Bürger aufgrund eines engen, besondere Rechte und Pflichten begründenden Rechtsverhältnisses ein sachlicher Grund besteht, neben deliktischen Ansprüchen auch Schadensersatzansprüche analog § 280 BGB zu gewähren. Anerkannt ist eine solche vertragsähnliche Haftung im Polizei-/Ordnungsrecht insbes. bei der **öffentlich-rechtlichen Verwahrung**.

Vertragsähnliche Haftung analog § 280 BGB

Beispiel: Durch das Abschleppen eines verbotswidrig abgestellten Fahrzeuges entsteht ein öffentlich-rechtliches Verwahrungsverhältnis. Wird das Fahrzeug durch den Abschleppunternehmer fahrlässig beschädigt, so wird sein Fehlverhalten als Verwaltungshelfer der Behörde zugerechnet. Der Staat haftet nach § 839 BGB, Art. 34 GG und daneben auch analog § 280 BGB (BGH RÜ 2014, 332, 335).

V. Sonstige Ersatzansprüche

1. Ansprüche des Nichtstörers

Erleidet jemand, der von der Polizei-/Ordnungsbehörde als **Nichtstörer** (Notstandspflichtiger) in Anspruch genommen wird, einen Schaden, so hat er ebenfalls einen Entschädigungsanspruch.

Entschädigungsanspruch des Nichtstörers

51 I Nr. 1 BPolG	55 I 1 PolG	70 I PAG	59 I Nr. 1 ASOG	38 I a OBG	56 I 1 PolG	10 III 1 SOG	64 I 1 SOG	72 I SOG	80 I 1 SOG

39 I a OBG	68 I 1 POG	68 I 1 PolG	52 I 1 PolG	69 I 1 SOG	221 I LVwG	68 I 1 PAG

Unproblematisch ist dies bei **rechtmäßiger** Inanspruchnahme als Nichtstörer, gilt allerdings erst recht, wenn der Dritte rechtswidrig in Anspruch genommen wird.

Hinweis: *Die analoge Anwendung bei rechtswidriger Inanspruchnahme des Nichtstörers scheidet aus, wenn für rechtswidrige Maßnahmen eine eigenständige Anspruchsgrundlage besteht (s.o. S. 128). In diesem Fall ist eine analoge Anwendung mangels Regelungslücke nicht erforderlich.*

!

2. Ansprüche unbeteiligter Dritter

Entschädigungsanspruch des unbeteiligten Dritten

Der Inanspruchnahme eines Nichtstörers steht es gleich, wenn ein **unbeteiligter Dritter** bei Vornahme einer rechtmäßigen, nicht gezielt gegen ihn gerichteten polizeilichen Maßnahme geschädigt wird.

Beispiel: Ein Passant wird bei einem Schusswaffeneinsatz durch einen Querschläger verletzt. – Vereinzelt bestehen hier spezielle Vorschriften (vgl. z.B. § 51 Abs. 2 Nr. 2 BPolG, Art. 70 Abs. 2 S. 1 BayPAG, § 59 Abs. 1 Nr. 2 ASOG Bln, § 73 SOG M-V, § 222 LVwG SH).

Soweit Spezialregelungen fehlen, wird teilweise eine analoge Anwendung der Vorschriften über die Entschädigung des Nichtstörers bejaht (z.B. § 51 Abs. 1 Nr. 1 BPolG). Dagegen spricht jedoch, dass es hier – anders als beim Notstandspflichtigen – an einer gezielten Inanspruchnahme fehlt. Daher kommt bei Fehlen einer Spezialregelung nur ein **Anspruch wegen enteignenden oder aufopfernden Eingriffs** in Betracht, wenn dem Betroffenen ein **Sonderopfer** auferlegt wird (BGH RÜ 2011, 400, 403).

Aus dem gewohnheitsrechtlichen Aufopferungsgedanken, der bereits in §§ 74, 75 der Einleitung zum Preußischen Allgemeinen Landrecht (EALR) verankert war, werden Ansprüche insbes. bei Eingriffen in das Eigentum des Bürgers abgeleitet. Dabei wird zwischen dem (rechtswidrigen) enteignungsgleichen Eingriff und dem (rechtmäßigen) enteignenden Eingriff unterschieden. Dasselbe gilt bei Eingriffen in nichtvermögenswerte Rechtsgüter wie Leben, Gesundheit und Freiheit (Aufopferung im engeren Sinne).

3. Ansprüche des Störers

a) Rechtswidrige Inanspruchnahme

Bei rechtswidrigen Maßnahmen Amtshaftung (§ 839 BGB, Art. 34 GG) und polizei-/ordnungsrechtliche Unrechtshaftung

Wird ein (Verhaltens- oder Zustands-)Störer **rechtswidrig** in Anspruch genommen, so bestehen Ansprüche aus Amtshaftung (§ 839 BGB, Art. 34 GG) und in den meisten Ländern nach dem PolG/OBG (s.o. S. 128), ansonsten kraft Gewohnheitsrechts (sog. enteignungsgleicher oder aufopferungsgleicher Eingriff).

Beispiel: Die Behörde hat ihr Auswahlermessen bei mehreren Störern fehlerhaft ausgeübt oder die Maßnahme ist aus sonstigen Gründen unverhältnismäßig.

b) Rechtmäßige Inanspruchnahme

Grundsatz: keine Ansprüche bei rechtmäßiger Inanspruchnahme

Wird der Störer dagegen **rechtmäßig** in Anspruch genommen, so scheiden Ansprüche aus Amtshaftung (mangels Amtspflichtverletzung) und Ansprüche nach dem PolG/OBG (mangels rechtswidriger Maßnahme) aus. Dasselbe gilt für enteignungs- bzw. aufopferungsrechtliche Ansprüche. Die rechtmäßige Inanspruchnahme ist i.d.R.

Ausdruck der Sozialbindung des Eigentums (Art. 14 Abs. 1 S. 2 u. Abs. 2 GG) bzw. des allgemeinen Lebensrisikos.

Gegenbeispiel: Wird dem Betroffenen indes ein Sonderopfer auferlegt, kommt ein allgemeiner Aufopferungsanspruch nach §§ 74, 75 EALR in Betracht, der nach neuerer Rspr. auch Schmerzensgeld umfasst (BGH RÜ 2017, 741).

c) Anscheins- und Verdachtsstörer

Ausnahme: Entschädigung des Anscheins- und Verdachtsstörer wie ein Nichtstörer bei fehlendem Vertretenmüssen

Stellt sich nachträglich heraus, dass objektiv zwar Anhaltspunkte für eine Gefahr vorlagen, eine Gefahr tatsächlich aber nicht bestanden hat, ist die Inanspruchnahme desjenigen, der den Anschein oder den Verdacht der Gefahr verursacht hat, grds. rechtmäßig (s.o. S. 42). Wenn der Betroffene die **Anscheinsgefahr** bzw. den Gefahrenverdacht **nicht zu vertreten** hat, erbringt er indes – wie der Nichtstörer – ein Sonderopfer. Die Vorschriften über die Entschädigung des Nichtstörers (s.o. S. 129) gelten daher **analog**.

Beispiel: Dem Eigentümer E wurde aufgegeben, auf seinem Grundstück Probebohrungen durchzuführen, um herauszufinden, ob sich die auf dem unmittelbar angrenzenden Nachbargrundstück festgestellte Kontaminierung auch auf sein Grundstück erstreckt. Die Untersuchung ergibt, dass das Grundstück des E nicht belastet ist.

Die Inanspruchnahme des E zu Gefahrerforschungsmaßnahme auf der **Primärebene** ist aufgrund des Gefahrenverdachts rechtmäßig (§ 9 Abs. 2 S. 1 BBodSchG). Deshalb besteht weder ein Anspruch aus Amtshaftung (§ 839 BGB, Art. 34 GG) noch wegen rechtswidriger Maßnahmen nach dem Ordnungsrecht. Da E die den Verdacht begründenden Umstände jedoch nicht zu vertreten hat, ist er analog den Vorschriften über die Notstandspflicht zu entschädigen (vgl. auch § 24 Abs. 1 S. 2 BBodSchG).

B. Ansprüche des Staates

I. Bei rechtmäßigen Maßnahmen

- Bei **rechtmäßiger Ersatzvornahme** besteht ein Kostenerstattungsanspruch der Behörde gegen den Pflichtigen (Störer), z.B. §§ 10, 19 Abs. 1 S. 1 VwVG, s.o. S. 114.
- Ebenso hat die Behörde bei **rechtmäßiger unmittelbarer Ausführung** gegen den (Verhaltens- oder Zustands-) Störer einen Anspruch auf Kostenersatz, z.B. § 19 Abs. 2 S. 1 BPolG und oben S. 122.
- Entsprechendes gilt für die Kostentragungspflicht des Adressaten bei Sicherstellung und Verwahrung. Auch hier setzt der Kostenerstattungsanspruch voraus, dass die **Sicherstellung/Verwahrung rechtmäßig** war (s.o. S. 90).

Rückgriff bei Entschädigung eines Nichtstörers

- Hat die Polizei-/Ordnungsbehörde einem Dritten als **Nichtstörer** Entschädigung zu leisten (z.B. nach § 51 Abs. 1 Nr. 1 BPolG und oben S. 129), kann der Verwaltungsträger von dem Störer **Ersatz seiner Aufwendungen** verlangen.

55 II BPolG	57 PolG	72 I PAG	64 I ASOG	41 II OBG	61 I PolG	10 IV SOG	69 I SOG	75 III SOG	85 I SOG

42 II OBG	73 I POG	73 I PolG	57 I PolG	74 I SOG	224 II LVwG	73 I PAG

Strukturell handelt es sich hierbei um einen Fall einer **Geschäftsführung ohne Auftrag** (GoA), teilweise wird ausdrücklich auf die Vorschriften des BGB über den Aufwendungsersatz (§ 670 BGB) verwiesen.

Beispiel: Die Bundespolizei hat einen Dritten rechtmäßig als Nichtstörer in Anspruch genommen (§§ 14, 20 Abs. 1 BPolG). Hat der Bund dem Dritten eine Entschädigung nach § 51 Abs. 1 Nr. 1 BPolG gewährt, kann er vom Störer Ersatz der Aufwendungen nach § 55 Abs. 2 BPolG verlangen.

II. Anscheins- und Verdachtsstörer

Kostenpflicht des Anscheins- oder Verdachtsstörers nur bei Vertretenmüssen

Stellt sich im Nachhinein heraus, dass objektiv zwar Anhaltspunkte für eine Gefahr vorlagen, eine Gefahr tatsächlich aber nicht bestanden hat, ist die Inanspruchnahme desjenigen, der den Anschein oder den Verdacht der Gefahr verursacht hat, grds. rechtmäßig (s.o. S. 42). Dies hätte an sich zur Konsequenz, dass er auch **kostenpflichtig** wäre (s.o. I.). Da der Anscheins- oder Verdachtsstörer aber wie ein Nichtstörer zu behandeln ist, wenn er den Anschein oder den Verdacht der Gefahr nicht zu vertreten hat (s.o. S. 131), ist anerkannt, dass ein Kostenerstattungsanspruch des Staates gegen den Anscheins- oder Verdachtsstörer nur besteht, wenn dieser den Anschein oder den Verdacht der Gefahr zu **vertreten** hat.

III. Bei rechtswidrigen Maßnahmen

Keine Kostenpflicht bei rechtswidrigen Maßnahmen

Ist die Maßnahme der Polizei-/Ordnungsbehörde dagegen rechtswidrig, bestehen generell **keine Kostenerstattungsansprüche** der Behörde gegen den Bürger, auch nicht aus ör GoA, da ansonsten die Spezialvorschriften (s.o. I.) unterlaufen würden.

Beispiel: Ist die Ersatzvornahme rechtswidrig, besteht weder ein Kostenerstattungsanspruch nach §§ 10, 19 VwVG (bzw. entspr. LVwVG) noch ein Anspruch aus ör GoA. Die vollstreckungsrechtlichen Spezialregelungen sind vorrangig, ein Rückgriff auf die GoA-Vorschriften damit ausgeschlossen.

1. Woraus können sich Sekundäransprüche des Bürgers im Polizei- und Ordnungsrecht ergeben?	**1.** Ausgleichsansprüche des Bürgers können sich insb. aus Amtshaftung (§ 839 BGB, Art. 34 GG) oder aus speziellen (Aufopferungs-)Vorschriften im Polizei- und Ordnungsrechts ergeben.
2. Nennen Sie die wichtigsten Anspruchsgrundlagen bei rechtswidrigem Verwaltungshandeln!	**2.** Bei rechtswidrigem Maßnahmen kommen insb. in Betracht: ■ die Amtshaftung (§ 839 BGB, Art. 34 GG) ■ die Unrechtshaftung nach dem PolG, OBG, SOG etc, ■ die unionsrechtliche Staatshaftung, ■ die vertragsähnliche Haftung analog § 280 BGB.
3. Welche Voraussetzungen hat der Amtshaftungsanspruch nach § 839 BGB, Art. 34 GG?	**3.** Voraussetzungen sind: ■ hoheitliches Handeln, ■ Verletzung einer drittbezogenen Amtspflicht, ■ Verschulden, ■ kein Haftungsausschluss.
4. In welchen Fällen bestehen Entschädigungsansprüche nach dem PolG?	**4.** Die Polizeigesetze regeln zumeist folgende Fälle: ■ Inanspruchnahme als Nichtstörer ■ rechtswidrige Maßnahmen ■ teilweise auch bei Schädigung unbeteiligter Dritter.
5. Hat der Anscheins- oder Verdachtsstörer einen Anspruch auf Entschädigung?	**5.** Nach h.M. ist der Anscheins- oder Verdachtsstörer wie ein Nichtstörer zu entschädigen, wenn er die Anscheinsgefahr oder den Gefahrenverdacht nicht zu vertreten hat.
6. In welchen Fällen hat der Staat im Polizei-/Ordnungsrecht einen Ausgleichsanspruch gegen den Bürger?	**6.** Eine Kostenerstattungspflicht des Störers besteht bei ■ rechtmäßiger Ersatzvornahme, ■ rechtmäßiger unmittelbarer Ausführung, ■ rechtmäßiger Sicherstellung und Verwahrung, ■ Entschädigungsleistung an einen Nichtstörer.
7. Wann bestehen Kostenerstattungsansprüche gegen den Anscheins- bzw. Verdachtsstörer?	**7.** Kostenerstattungsansprüche gegen den Anscheins- bzw. Verdachtsstörer bestehen nur, wenn dieser den Anschein bzw. den Verdacht der Gefahr zu vertreten hat.

Öffentliche Sicherheit	Die Unverletzlichkeit der Rechtsordnung, die Individualrechtsgüter des Einzelnen sowie der Bestand des Staates, seiner Einrichtungen und deren Funktionsfähigkeit.
Öffentliche Ordnung	Die Gesamtheit der ungeschriebenen Verhaltensregeln, deren Beachtung nach den jeweils herrschenden sozialen und ethischen Anschauungen unerlässliche Voraussetzung für ein geordnetes menschliches Zusammenleben ist.
Gefahr	Sachlage, bei der die hinreichende Wahrscheinlichkeit besteht, dass in absehbarer Zeit ein Schaden eintritt.
gegenwärtige/ unmittelbare Gefahr	Gefahr, bei der das schädigende Ereignis bereits begonnen hat oder in allernächster Zeit mit an Sicherheit grenzender Wahrscheinlichkeit bevorsteht.
erhebliche Gefahr	Gefahr für ein bedeutsames Schutzgut, wie Leben, Gesundheit, Freiheit, wesentliche Vermögenswerte oder Bestand des Staates.
dringende Gefahr	Gegenwärtige Gefahr für besonders bedeutsame Schutzgüter (= unmittelbare erhebliche Gefahr).
konkrete Gefahr	Gefahr aufgrund eines konkreten nach Ort und Zeit bestimmten oder bestimmbaren Sachverhalts.
abstrakte Gefahr	Sachlage, bei der nach allgemeiner Lebenserfahrung oder den Erkenntnissen fachkundiger Stellen typischerweise mit hinreichender Wahrscheinlichkeit mit einem Schaden zu rechnen ist.
Anscheinsgefahr	Sachlage, bei der bei verständiger Würdigung objektive Anhaltspunkte bestehen, die ex ante den Schluss auf das Vorliegen einer Gefahr zulassen, obwohl sich im Nachhinein (ex post) herausstellt, dass eine Gefahr nicht bestand.
Gefahrenverdacht	Sachlage, bei der bei verständiger Würdigung zwar objektive Anhaltspunkte für eine Gefahr bestehen, deren Vorliegen aber nicht definitiv festgestellt werden kann, weil eine gewisse Unsicherheit über den Eintritt des Schadens besteht.
Scheingefahr	Sachlage, bei der der handelnde Beamte nur subjektiv einen Schadenseintritt für wahrscheinlich hält, ohne dass dafür objektive Anhaltspunkte vorhanden sind.
Gefahr im Verzug	im Polizeirecht: Sachlage, bei der ein Schaden eintreten würde, wenn nicht an Stelle der zuständigen Behörde oder Person eine andere Behörde oder Person tätig wird (allgemein: wenn ein Zeitverlust eintreten würde, der aller Wahrscheinlichkeit zur Folge hätte, dass der mit der Maßnahme verfolgte Zweck vereitelt oder wesentlich erschwert würde).

	Bund BPolG	BW PolG	Bay PAG	Bln ASOG	Bbg PolG	Bbg OBG	Brem PolG	Hbg SOG	Hess HSOG	M-V SOG
Zuständigkeit	1–13	1, 2	2, 3	1–6	1, 2	1–6	1	3	1, 2	1–8
Generalklausel	14 I	1, 3	11 I	17 I	10 I	13 I	10 I 1	3 I	11	13, 16
Verhältnismäßigkeit	15	5	4	11	3	14	3	4	4	15
Ermessen	16	3	5	12	4	15	4	3 I	5	14
Verhaltensstörer	17	6	7	13	5	16	5	8	6	69
Zustandsstörer	18	7	8	14	6	17	6	9	7	70
Unm. Ausführung	19	8	9	15	–	–	–	7	8	70a
Nichtstörer	20	9	10	16	7	18	7	10	9	71
Befragung	22	20	30, 31	18	11	23	27, 28	3 DVG	12	28
Identitätsfeststellung	23	26	13	21	12	23	11	4 DVG	18	29
Erkennungsdienst- liche Maßnahmen	24	36	14	23	13	–	11b	7 DVG	19	31
Vorladung	25	27	15	20	15	23	12	11	30	50
Videoüberwachung – offen – verdeckt	 26, 27 28	 21 22, 23	 32 33, 34	 24–24b 25	 31 33, 33a	 23 –	 29 33	DVG 8 10, 10a	 14 15	 32 33, 34b
Platzverweis	38	27a I	16 I	29 I	16 I	23	14 I	12a	31 I	52 I
Aufenthaltsverbot	–	27a II	16 II	29 II	16 II	23	14 II	12b II	31 III	52 III
Wohnungsverweisung	–	27a III	16 I	29a	16a	–	14a	12b I	31 II	52 II
Gewahrsam	39	28	17	30	17	23	15	13	32	55
Durchsuchung – Personen – Sachen – Wohnungen	 43 44 45,46	 29 30 31	 21 22 23, 24	 34 35 36, 37	 21 22 23, 24	 23 23 23	 19 20 21, 22	 15 15a 16, 16a	 36 37 38, 39	 53, 54 57, 58 59, 60
Sicherstellung	47	32, 33	25	38	25	23	23	14	40	61
GefahrenabwehrVO	–	10 ff.	16 ff. LStVG	55 ff.	–	24 ff.	48 ff.	1, 2	71 ff.	17 ff.
Vollstreckung	6 ff. VwVG	49 ff.	53 ff.	6 ff. VwVG	53 ff.	3, 26 ff. LVwVG	40 ff.	17 ff.	47 ff.	79 ff.
Entschädigung Nichtstörer	51 I Nr. 1	55 I	70 I	59 I Nr. 1	70	38 I a	56 I 1	10 III 1	64 I 1	72 I
Entschädigung bei rw Maßnahme	51 II Nr. 1	–	–	59 II	70	38 I b	56 I 2	–	64 I 2	–

	Nds SOG	NRW PolG	NRW OBG	RP POG	Saar SPolG	Sachs PolG	LSA SOG	SH LVwG	Thür PAG	Thür OBG
Zuständigkeit	1	1	1–6	1	1	1, 2	1–2a	162–169	2, 3	1–4
Generalklausel	11	8 I	14 I	9 I	8 I	3 I	13	174, 176	12 I	5 I
Verhältnismäßigkeit	4	2	15	2	2	3 II, III	5	73 II, III	4	6
Ermessen	5	3	16	3	3	3 I	6	73, 174	5	7
Verhaltensstörer	6	4	17	4	4	4	7	218	7	10
Zustandsstörer	7	5	18	5	5	5	8	219	8	11
Unm. Ausführung	–	–	–	6	–	6	9	–	9	12
Nichtstörer	8	6	19	7	6	7	10	220	10	13
Befragung	30, 31	9	24	9a	11 I	18	14	180	13	16 I
Identitätsfeststellung	13	12	24	10	9, 10a	19	20	181	14	15
Erkennungsdienstliche Maßnahmen	15	14	–	11	10	20	21	183	16	–
Vorladung	16	10	24	12	11 II	18	35	199	17	16 IV
Videoüberwachung – offen – verdeckt	 32 35, 35a	 15, 15a 17, 18	 24 –	 27 28, 29	 27 28, 28a	 37 38, 41	 16 17	 184 185	 33 34, 35	 – –
Platzverweis	17 I	34 I	24	13 I	12 I	21 I	36 I	201 I	18 I	17 I
Aufenthaltsverbot	17 IV	34 II	–	13 III	12 III	21 II	36 II	201 II	18 III	17 II
Wohnungsverweisung	17 II, III	34a	–	13 II, IV	12 II	21 III	36 III	201a	18 II	–
Gewahrsam	18	35	24	14	13	22	37	204	19	–
Durchsuchung – Personen – Sachen – Wohnungen	 22 23 24, 25	 39 40 41, 42	 24 24 24	 18 19 20, 21	 17, 17a 18 19, 20	 23 24 25	 41 42 43, 44	 202,203 206,207 208,209	 23 24 25, 26	 18 19 20, 21
Sicherstellung	26	43	24	22	21	26, 27	45	210	27	22
GefahrenabwehrVO	54 ff.	–	25 ff.	43 ff.	59 ff.	9 ff.	93 ff.	175, 335	–	27 ff.
Vollstreckung	64 ff.	50 ff.	55 ff. LVwVG	57 ff.	44 ff.	30 ff.	53 ff.	228 ff.	51 ff.	43 ff. VwZVG
Entschädigung Nichtstörer	80 I 1	67	39 I a	68 I 1	68 I 1	52 I 1	69 I 1	221 I	68 I 1	52
Entschädigung bei rw Maßnahme	80 I 2	67	39 I b	68 I 2	68 I 2	–	69 I 2	–	68 I 2	52